Das Oderbruch Kochbuch

– Zwischen Kunst, Kultur und Kochtopf –

Mirjam Pikula, Wolfgang Schirmer

ISBN 978-3-86037-446-7

1. Auflage

Lüchower Straße 13a, 29459 Clenze
Telefon (0 58 44) 97 11 63-0, Telefax (0 58 44) 97 11 63-9
mail@limosa.de, www.limosa.de

Redaktion:
Mirjam Pikula, Wolfgang Schirmer

Fotos:
Roland Pikula, Mathias Lillge, Oder Culinarium e.V.,
Bad Freienwalde Tourismus GmbH, Stadt Wriezen,
Theater am Rand/Oderaue OT Zollbrücke,
Mirjam Pikula, Wolfgang Schirmer

Lektorat:
Doreen Rinke

Satz und Layout:
Zdenko Baticeli

Korrektorat:
Karin Monneweg

Unter Mitarbeit von:
Lena Hermann, Christin Stade, Martina Bergmann

Medienberatung:
Mirjam Pikula

Gedruckt in Deutschland.

Mirjam Pikula, Wolfgang Schirmer

DAS ODERBRUCH KOCHBUCH

Zwischen Kunst, Kultur und Kochtopf

Hier ist manchmal Zuhause sein

Es gibt im Leben so verwunschene Momente, die man nicht vergisst: Die Haare noch nass vom Baden im See, wollte ich eigentlich zurück nach Bad Freienwalde fahren, da sah ich in Schiffmühle einen Tisch und einen Stuhl unter einer schönen, großen Ulme stehen. Und an der roten Backsteinwand der ehemaligen Schule hing ein Spruchband mit der Einladung »Willkommen im Gänseblümchen!«
Die Sonne schien. Der Himmel war blau, und in der Ulme sang eine Amsel ihr Sommerlied. Ich ließ mich nieder. Meine Frage nach einem Saale-Unstrut-Wein wurde vom Wirt bejaht, da wusste ich, das wird mein Stammrestaurant! Aber es ist dann doch noch mehr daraus geworden, nämlich eine freundschaftliche Beziehung zu dem Quereinsteiger-Wirtspaar Mirjam Pikula (geboren 1967) und Wolfgang Schirmer (geboren 1951) – eine Freundschaft, die gastronomisch und kulturell von Jahr zu Jahr eine Verfeinerung erfuhr.
Denn von 2000 bis 2008 wurde aus der alten Schule in Schiffmühle ein zertifizierter »Brandenburger Landgasthof« mit dem poetischen Namen »Gänseblümchen«. Ein Name, mit dem die Gäste aus nah und fern Gaumenfreuden assoziierten, nämlich »verfeinerte ländliche Küche« bei engagierter Verwendung regionaler saisonaler Produkte, nach dem Motto »In der Natur und mit der Natur leben und arbeiten«.

Blühende Landschaften

Ein Programm, das rasanten Zulauf erfuhr, sicher darum, weil es klugerweise noch ergänzt wurde mit bekannten Künstlern von Bühne und Fernsehen. Eine langjährige Veranstaltungsreihe, für die sich die Gäste rechtzeitig anmelden mussten, wollten sie noch einen Platz ergattern, war »Buch & Buffet«. Unvergessen eine Lesung mit Lothar und Holger Daemgen und ein königlich-sächsischer Abend, den ich moderieren durfte.
Dieses »Essen mit Kultur« sprach sich herum bis Berlin, so dass immer häufiger Einladungen zum Schaukochen auf der Internationalen »Grünen Woche« in Zusammenarbeit mit der ProAgro ausgesprochen erfolgreich über den Herd gingen.
Nun gibt es eine neue Freude: nach gesundheitsbedingter Auszeit in Vorpommern, kehren Mirjam Pikula und Wolfgang Schirmer wieder zurück ins Oderbruch. Neue Aufgaben warten »hinterm Deich« – direkt an der Oder. Das alte denkmalgeschützte Deichhaus, von dem der Besucher einen weiten Blick über den Fluss, hinüber nach Polen genießen kann, wird mit Sicherheit all die Gäste anziehen, die sich gerne an die gastronomisch-kulturellen Stunden im »Gänseblümchen« in Schiffmühle erinnern. Und auf Kultur brauchen sie auch nicht zu verzichten, denn einen Steinwurf vom Deichhaus entfernt steht das »Theater am Rand«, aus dem jeden Abend eine andere Musik erklingt, bis zum Restaurant »hinterm Deich«, wo mir mein Lieblingswein genauso munden wird wie damals, vor zehn Jahren in Schiffmühle, als ich aus dem See stieg und ein Gänseblümchen mich verführte!

Prof. Eberhard Görner

Gedanken am Rand ...

Jeder Koch hat sein kleines Geheimnis. Manchmal liegt dieses Geheimnis im fernen Land »Kindheit«. Der Duft von Dill und frischen Erdbeeren, von Eierkuchen und Meerrettich, der die Gedanken heute noch schweifen lässt. Die ersten Radieschen und Kohlrabi aus dem Garten, als noch nicht alles zu jeder Zeit verfügbar war, dafür aber umso herrlicher schmeckte. Und dann sind da noch Großmutters Hände, in einer großen Schüssel beim Streuselkneten ... Vielleicht begann da unsere Leidenschaft für anheimelnde Gerüche, für unvergessliche Geschmackserlebnisse, für taufrisches Gemüse, für selbstgeerntetes Obst und heilsame Kräuter.

Leben und arbeiten in der Natur und mit der Natur. Gehalten im Karussell der Jahreszeiten. Staunend vor den Wundern der Schöpfung und demütig vor den Naturgewalten. Unsere Erlebnisse im Oderbruch reichen von drohenden Hochwassern bis zu doppelten Regenbögen überm Nachbarhaus.

Menschen, die uns Vertrauen und Wärme entgegenbrachten, säumten unseren Weg. Kultur zu erleben in einer künstlich geschaffenen Kulturlandschaft, den Mond über Zollbrücke in einer magischen Sommernacht, das waren unsere Sternstunden.

Wir durften wunderbare Regionalprodukte verwenden, die das Herz eines jeden Kochs höher hüpfen lassen. Es gab Grenzerfahrungen und grenzüberschreitende Erfahrungen. So stieg unsere Begeisterung für eine verfeinerte ländliche Küche stetig.

Eine traditionsbewusste, moderne Kreativküche mit frischen saisonalen und regionalen Produkten, in der sich durchaus auch morgenländische Gewürze finden lassen. Unsere Devise: »Wir haben Respekt – aber keine Angst vorm Lebensmittel« war uns stets ein guter Wegweiser. Und eine weitere Küchenwahrheit erwies sich als alltagstauglich: »Wer nicht heiß anfassen kann – kann nicht heiß lieben!«

In der Hoffnung, Sie mit unserer Leidenschaft fürs Oderbruch und fürs Kochen angesteckt zu haben verbleiben mit den herzlichsten Grüßen vom schönsten Rand Deutschlands.

Mirjam Pikula   Wolfgang Schirmer

Grußwort des Landrates

Liebe Freunde der Oderbruch-Kochkunst,

unternehmen Sie mit mir eine kulinarische Reise durch das Oderbruch.
Schon Johann Wolfgang von Goethe sagte einmal:
»Aber kein Genuss ist vorübergehend, denn der Eindruck, den er hinterlässt, ist bleibend«.
Das werden Sie auch beim Besuch dieser herrlichen und von enormer Weite geprägten Landschaft »Oderbruch« erleben können.
Unser Oderbruch ist für seine Besucher ein Geheimtipp, hier gibt es neben herrlicher Natur viele Sehenswürdigkeiten, geschichtsträchtige Orte, reizvolle Städte, stille, malerische Dörfer, romantische Schlösser und Parks.
Bei den Rezepten werden Sie die Geschichte des Oderbruchs oft mit den damaligen Ess- und Tischgewohnheiten verbinden können.
Ich freue mich, dass ein oder andere Rezept nachkochen zu können und wünsche auch Ihnen viel Spaß und vor allem Genuss dabei.

Ihr

Gernot Schmidt

Kostproben

Rosige Zeiten

»Eine geschriebene Musik ist wie ein erzähltes Mittagessen«

(Franz Grillparzer)

DANKE allen mitarbeitenden Fotografen, die mit ihren stimmungsvollen Bildern, den Blick für die Schönheiten unserer Landschaft neu öffneten: Roland und Luise Pikula, Matthias Lillge, Heiko Walther-Kämpfe.
DANKE allen unseren Gästen, die uns mit grenzenlosem Vertrauen und stets währendem Hunger zum Durchhalten animierten.
DANKE unseren langjährigen Regionalproduzenten, deren wunderbare Produkte wir verarbeiten durften. Stellvertretend seien genannt: Ziegenhof Rubin in Zollbrücke, Gärtnerei Winter in Oderberg, Fleischerei Höhne in Wriezen.
DANKE an Küchenmeister Torsten Kleinschmidt für kollegiale Freundschaft und fachlichen Rat.
DANKE an Tobias Morgenstern und alle Gastarbeiter vom THEATER am Rand für Nähe und Inspiration. Ihr habt uns vor kulturellem Notstand bewahrt und manche glückliche Stunde geschenkt.

Für die Unterstützung bei der Erstellung dieses Buches geht unser DANK außerdem an folgende Personen, Verbände und Institutionen:
Prof. Eberhard Görner, Bad Freienwalde, Uwe Siebert, Tourismusverein Wriezen, Nils Nestler, Stadt Wriezen, Jens Lüdecke, Bad Freienwalder Kur GmbH, Touristinformation Bad Freienwalde, Ulrich Frischmuth, Geschichtsverein Altreetz und Umgebung e.V., Vera Schröder, Bliesdorfer Heimatstube, Creativ Design Wriezen ... und eine Freundin, die nicht genannt werden möchte.

DANKE dem Verlag, der an uns glaubte und uns die Zeit gab, die es gebraucht hat.

Ein letzter DANK an Dr. Maren Sawatzki und Dr. Stephan Koswig aus Bad Saarow, ohne die es dieses Buch gewiss nie gegeben hätte ...

Wir danken außerdem allen, die uns ihre Familienrezepte oder interessante Geschichten fernmündlich oder persönlich übermittelten. Allen, die uns alte Rezeptkladden und Kochbücher vertrauensvoll überließen und so zum Gelingen dieses Buches beitrugen:

Alfons Breier, Rathsdorf
Almut Undisz, Ortwig
Anni Lüneberg, Kerstenbruch
Anneliese Pahlke, Neureetz
Britt und Peter Härtling, Bernau
Burkhard Höhne, Wriezen
Christa Mohr, Zäckericker Loose
Christina Rubin, Zollbrücke
Dr. Horst Pfingsten, Uelsen
Edelgard Weidner, Gabow
Edeltraut Schulz, Neutrebbin
Elke Krüger, Altwustrow
Gisela Greinert, Güstebieser Loose
Hans Moedebeck, Schmatzin
Heidi Eckert, Wriezen
Helga Bartsch, Letschin
Horst Brodhofer, Altglietzen
Inge Drews, Kerstenbruch
Isabella Drewianka, Altwriezen
Jeannette Butschke, Neuenhagen-Insel
Jutta Woitke, Neutrebbin
Lisa Pikula, Schiffmühle
Lothar Welle, Prötzel
Lotti Nörenberg, Reichenow/Möglin
Ludwig Schirmer, Altwustrow
Marianne Borgemann, Gabow
Marina Schmidt, Neureetz
Mirko Zimmermann, Neureetz
Peter Herbert, Neulewin
Renate Gürgens, Reichenow/Möglin
Rita Sievert, Neukarlshof
Sabine Weise, Beierfeld
Sandra Thürling, Hohenwutzen
Siegfried Schumacher, Bad Freienwalde
Torsten Kleinschmidt, Neuzelle
Ursula Karusseit, Zollbrücke
Vera Schröder, Bliesdorf
Wolfgang Schalow, Marxdorf

Geschichten und Erzählungen

Land unter

Inhaltsverzeichnis

Fontane Haus Schiffmühle

Erinnerungen eines Deichgrafen

Liebe Freunde im Oderbruch,

Brandenburg lebt aus und durch seine Regionen. Jede hat ihre eigene Geschichte und daraus erwachsene Identität. Das Oderbruch ist spät – unter Friedrich II. – gewonnenes Land. Die Oder bekam ein neues Bett, es entstand Siedlerland und Ackerland. Kartoffeln wurden angebaut. Aus der einst kargen Küche entwickelte sich eine beachtliche Vielfalt – und ich freue mich auf das »Oderbruch-Kochbuch« mit ganz speziellen Rezepten aus Ost-Brandenburg.
Mit der Region verbindet mich vieles – vor allem natürlich das Oderhochwasser im Sommer 1997. 13 Jahre ist es her, doch bis heute ist es mir präsent wie gestern. Es waren Wochen des Bangens, der Angst und der Hoffnung. Und am Ende ein großes Glück, als es uns entgegen aller Prophezeiungen gelang, insbesondere den Deich bei Hohenwutzen gegen ständig anschwellende Wassermassen zu halten. Der Deich war durchweicht wie ein vollgesogener Schwamm. Unablässig donnerten die Hubschrauber der Bundeswehr herbei und brachten Sandsäcke, um mit ihnen den wabbeligen Wall zu stützen, während an der Deichkante schon die ersten Wellen überschwappten. Tausende Soldaten aus ganz Deutschland, Männer und Frauen der märkischen Feuerwehren und vor allem ungezählte Freiwillige aus Brandenburg, aber auch aus Berlin und ganz Deutschland, schippten unendliche Kubikmeter Sand. Alle wollten und waren dabei, das Land zu schützen und zu retten. Es waren für mich die größten Momente gelebter Solidarität. Viele gaben ihre Urlaubstage, um zu helfen. Dieses wahrhaft grenzenlose Miteinander ohne Scheu voreinander war für viele – im siebten Jahr der errungenen Einheit – die tatsächliche Geburtsstunde der Einheit. Damals in der Not entstandene Freundschaften haben Bestand bis heute.
Vieles ist seitdem im Oderbruch und an der Oder entstanden. Kulturorte haben sich entwickelt, Gasthöfe sind entstanden, Vereine sorgen für Zusammenhalt. All jenen, die jetzt dabei sind, das Oderbruch lebendig zu machen und 1997 dabei waren, das Leben im Oderbruch zu retten, gilt mein größter Dank. All diese Menschen sind mir ans Herz gewachsen.
Den Machern des »Oderbruch-Kochbuchs« gutes Gelingen – und allen Nutzern guten Appetit!

Matthias Platzeck

Matthias Platzeck
Ministerpräsident des Landes Brandenburg

920 Quadratkilometer

Mit seinen etwa 920 Quadratkilometern liegt das Oderbruch eingebettet in die Mark Brandenburg. Gleichsam gibt es kaum ein Zitat, welches den Reiz dieser besonderen Landschaft besser beschreibt, als die folgenden Worte es zu tun vermögen:

»Ob du reisen sollst, so fragst du, reisen in die Mark?
Die Antwort auf diese Frage ist nicht eben leicht. …
Wer in der Mark reisen will,
muss zunächst Liebe zu Land und Leuten mitbringen,
mindestens keine Voreingenommenheit.
Er muss den guten Willen haben, das Gute zu finden,
anstatt es durch kritische Vergleiche totzumachen.
Der Reisende in der Mark muss sich ferner
mit einer feineren Art von Natur- und Landschaftssinn ausgerüstet fühlen.
Es gibt gröbliche Augen, die gleich einen Gletscher oder Meeressturm verlangen,
um befriedigt zu sein. Diese mögen zu Hause bleiben.«

Theodor Fontane

Sommerimpression

Johns Weihnachtssalat

2 Gläser Bismarckhering (à 850 g, abgetropft)	und
1 kg Bierschinken	
2 Zwiebeln	
2 Äpfel	
2 saure Gurken	würfeln und mit
1 Glas Selleriestreifen (à 380 g)	mischen. Anschließend eine Marinade aus
Mayonnaise	
Senf	
Zucker	
Salz, Pfeffer	und etwas
Meerrettich (aus dem Glas)	unterziehen.
3 Knoblauchzehen	fein hacken und zuletzt zum Salat geben.

Papenmühle Bad Freienwalde

Mein Linsensalat

500 g Linsen	abkochen und abtropfen lassen.
4 Pfirsichhälften	würfeln.
20 Trauben (rot und weiß)	halbieren und entkernen. Alles mit
Curry	
Honig	
Balsamico (weiß)	und
Traubenkernöl	abschmecken.
Schnittlauchröllchen	oder
Lauchstreifchen	vor dem Servieren unterheben.

Sie dürfen natürlich auch auf Dosenlinsen und Dosenpfirsiche zurückgreifen.

Wo bleiben die Gäste

Gänseblümchen

Mein Heringssalat

300 g Matjes	sowie
1 Apfel	
1 rote Zwiebel	
8 Cornichons	würfeln.
1 kleine Dose Mandarinen (200 g)	abtropfen lassen und die halbierten Fruchtsegmente dazugeben. Eine Marinade aus
2 EL Öl	
Pfeffer	und
1 Prise Zucker	herstellen.
Dill	hacken und zuletzt unterheben.

Gut durchgezogen eignet sich dieser Salat auch wunderbar für ein Katerfrühstück.

Kunst, Kultur ...

Neulewiner Heringssalat

Gisela Greinert, Güstebieser Loose

500 g Matjes	und
1 Zwiebel	
1 saure Gurke	
200 g Jagdwurst	
3 Eier (hart gekocht)	würfeln, mischen und nach Belieben
Mayonnaise	unterrühren. Anschließend mit
Salz, Pfeffer	abschmecken.

Neumärker Krautsalat

Historisch gesehen ist das dem Oderbruch gegenüberliegende Gebiet unter dem Begriff »Neumark« bekannt. Durch Flucht und Vertreibung im Zweiten Weltkrieg gelangten auch viele Rezepte über die Oder.

1 Weißkohlkopf	in feine Streifen schneiden und in einer Schüssel mit der Reibekeule mürbe stampfen. Dann mit
Salz, Pfeffer	
Zucker	und
Essig, Öl	kräftig abschmecken. Zum Schluss
1 Apfel	sowie
1 Zwiebel	würfeln.
1 Bund Dill	hacken, dazugeben und alles vermengen. Über Nacht gut gekühlt durchziehen lassen.

Bismarckturm bei Bad Freienwalde

Neureetzer Möhrensalat

Marina Schmidt, Neureetz

6 Möhren	und
3 Äpfel	schälen, raspeln, mit
100 g Rosinen	
Zitronensaft	sowie
Zucker	vermengen.
Traubenkern- oder Walnussöl	zuletzt dazugeben.

Um das in den Möhren vorhandene Karotin für den Körper aufzuschließen, ist es wichtig, dem Gemüse Fett in jeglicher Form zuzuführen. Öl, Butter oder im Notfall ein Stückchen Käse leisten dabei gute Dienste.

Vor einem Herbst

Eiercurrysalat – wie ich ihn mag

10 Eier	hart kochen, schälen und würfeln.
1 Apfel (Boskop)	ebenfalls schälen und würfeln.
3 Gewürzgurken	würfeln und alle Zutaten mit
3 EL Lauchstreifchen	vermengen.
200 g Kochschinkenwürfel	dazugeben. Danach eine Marinade aus
Salatcreme	
Senf	
Muskat, Curry	
Salz, Pfeffer	sowie
Zucker	herstellen und vorsichtig unterziehen.

Zollbrücker Bohnensalat mit Ziegenkäse

Christina Rubin, Zollbrücke

350 g Schnippelbohnen	in
Salzwasser	kochen.
250 g Tomaten	überbrühen, enthäuten, entkernen und achteln.
2 Knoblauchzehen	sowie
Thymian, Petersilie	fein hacken.
150 g Ziegenkäse (jung)	in Würfel schneiden und mit
Salz, Pfeffer	würzen, in eine Salatschüssel geben.
3 EL Weißweinessig	und
5 EL Olivenöl	
1 Prise Zucker	mischen und als Dressing unter den Salat geben.

Michael Rubin – Ziegenhof Zollbrücke

Ortwiger Gurken-Bohnensalat

Almut Undisz, Ortwig

1 kg Schnippelbohnen	in
Salzwasser	bissfest kochen, abgießen, dazu
1 Salatgurke	schälen und hobeln.
1 Zwiebel	würfeln,
Bohnenkraut (frisch)	zupfen und alles vermengen. Eine kräftige Marinade aus
Essig (10%ig), Öl	
Zucker	sowie
Salz, Pfeffer	herstellen und unterziehen.

Hauch der Geschichte

Immer diese Radfahrer

Meine Geheimwaffe – Eisbergsalat mit Melone

1 Eisbergsalat	schneiden.
300 g Melone	entkernen und würfeln.
1 Stange Staudensellerie	hobeln und
1 Banane	in halbe Scheiben schneiden.
20 Trauben	halbieren und entkernen. Alles vorsichtig mit
20 Orangenfilets	vermengen.

Das Dressing

Pfirsichsaft	mit
Limettensaft	
Honig	
Gin	
Meerrettich	
Schwarzkümmel	und
Dill (gehackt)	vermengen, unter den Salat geben. Frische
Blüten und Gartenkräuter	vollenden das Werk.

Im Winter eignen sich ersatzweise auch Pfirsiche und Mandarinen aus der Dose. Dressing stelle ich blitzartig her, indem ich alle Zutaten in ein Schraubglas gebe. Kurz und kräftig schütteln ... fertsch!

Endstation

Bei unserer Zeitreise durch das historische Oderbruch kamen wir an einer höchst interessanten Persönlichkeit nicht vorbei. Fortschrittlich revolutionierte sie die Landwirtschaft und war feingeistig ihrer Zeit weit voraus.

Frau von Friedland

So berichtet von Theodor Fontane in seinen »Wanderungen durch die Mark Brandenburg«:

Helene Charlotte von Lestwitz, geboren am 18. November 1754, vermählte sich 1771, also kaum 17 Jahre alt, mit Adrian Heinrich von Borcke, Königlichem Gesandten in Dresden, später in Stockholm. Die Ehe war jedoch, durch Schuld des Gemahls, keine glückliche, und wurde, bald nach der Geburt einer Tochter Henriette Charlotte, spätere Gräfin von Itzenplitz, wieder getrennt.

Da die Geschiedene so wenig wie möglich an eine Ehe erinnert sein wollte, die ihr eine Last und Kränkung gewesen war, so nahm sie unter Zustimmung des Königs den Namen einer Frau von Friedland an und führte das Lestwitzsche Wappen fort. Gleichzeitig kehrte sie nach Schloss Cunersdorf, in das elterliche Haus zurück und lebte daselbst ausschließlich der Erziehung ihrer Tochter und der Ausbildung ihres eigenen Geistes. Nach dem Tode des Generals, ihres Vaters, übernahm sie sofort die Verwaltung der beiden Güter, und da es ihrem scharfen Auge nicht entging, dass die Bewirtschaftung, um zu größeren Erfolgen zu gelangen, vor allem eines

Weiter Blick

größeren Betriebskapitals als bisher bedürfe, so verkaufte sie ihren Schmuck und ihre Juwelen, um sich in den Besitz eines solchen Kapitals zu bringen.

Dieser erste Schritt, mit dem sie die Verwaltung ihrer Güter begann, zeigt am besten, welcher raschen und energischen Entschlüsse sie fähig war. Es war eine seltene und ganz eminente Frau; ein Charakter durch und durch. General von der Marwitz auf Friedersdorf, der ihr Gutsnachbar war, hat uns in seinen Memoiren eine Schilderung dieser ausgezeichneten Frau hinterlassen. Er schreibt: »Das meiste in der Landwirtschaft – ungefähr alles, was ich nicht schon aus der Kindheit wusste und nachher aus der Erfahrung erwarb – habe ich von einer sehr merkwürdigen Frau in unserer Nachbarschaft gelernt, von einer Frau von Friedland. Als ich sie kennen lernte (1802), war sie ungefähr zwölf Jahre im Besitz der Güter und führte alles mit beispielloser Ausdauer und Umsicht. Es waren sechs große Wirtschaften, die sie selbst leitete; Unterbeamte hatte sie keine andern als Bauern, die sie selbst dazu gebildet hatte. Nicht nur war der Ackerbau im blühendsten Zustande, sondern sie hatte ihre Wälder aus sumpfigen Niederungen auf bisher öde Berge versetzt, diese Niederungen aber in Wiesen verwandelt, und so in allen Stücken. Ein solches Phänomen war natürlicher Weise weit und breit verschrien. Man sagte, sie ritte auf den Feldern umher (das war wahr) und hätte beständig die Peitsche in der Hand, womit sie die Bauern zur Arbeit treibe – das war erlogen. Ich fand im Gegenteil eine wahre Mutter ihrer Untergebenen in ihr. Wo sie sich sehen ließ, und das war den ganzen Tag bald hier, bald dort, redete sie freundlich mit ihnen, und den Leuten leuchtete die Freude aus den Augen. Aber gehorchen musste alles. Sie war aber nicht bloß eine Landwirtin, sondern eine höchst geistreiche und in allen Dingen unterrichtete Frau.«

Roter Bohnensalat von Zugereisten

2 große Dosen Kidneybohnen (à 850 g)	abspülen und gründlich abtropfen lassen.
4 Paar Debrecziner	in dicke Scheiben schneiden.
1 Stange Lauch	in kurze Streifen schneiden. Alles mischen und abschließend mit
100 ml Tomaten (passiert)	
Salz, Zucker	
Schwarzkümmel	
Chilisoße (süß-scharf)	sowie
Olivenöl	kräftig abschmecken.

Schloss Altranft

Mühlenhandwerk

Sabines Schichtsalat »Für die junge Hausfrau«

Dieses Rezept bekam ich vor vielen Jahren von meiner Freundin Sabine, nachdem sie, frisch verheiratet, ihre ersten Kocherfahrungen machte. Inzwischen hat sich dieser Klassiker bei uns schon tausendfach auf Buffets bewährt. Danke für die vielen Abende bei Georges Moustaki und Schwedischer Apfeltorte am Weber'schen Familientisch!

Sabine Weise, Beierfeld

1 Dose Ananas (à 420 g, fein geschnitten)	und
1 Dose Mandarinen (à 420 g, halbiert)	
1 Dose Selleriestreifen (à 380 g)	
1 Dose Mais (à 200 g)	getrennt über Nacht gut abtropfen lassen.
1 Stange Lauch	in feine Streifchen schneiden und
200 g Kochschinken	würfeln.
5 Eier	hart kochen, schälen und in Scheiben schneiden. Alle Zutaten etagenweise in eine Glasschale schichten. Mit
Curry, Salz, Muskat	würzen und zum Schluss
1 Glas Mayonnaise (à 250 g)	als Deckschicht darüber verstreichen. Reichlich
Reibekäse	und etwas
Oregano	sowie einige Lauchstreifchen als Abschluss darüber streuen und den Salat über Nacht kalt stellen.

Unser Hauself

Wildkräutersalat »Alfonso«

Alfons Breier, Rathsdorf

3 Handvoll Vogelmiere	
10 Taubnesselspitzen	
10 Gänseblümchenblätter	
10 Gierschblätter	
10 Schafgarbenblätter	
5 Gundelreben (Gundermann)	
10 Löwenzahnherzen	und
8 Hirtentäschel	gründlich waschen, verlesen und mundgerecht zupfen.

Geröstete Nüsse oder in Butter geschwenkte Kapern geben diesem Gericht eine besondere Note.

Das Dressing

Saft 1 Orange	
3 EL Kräuteröl	
1 EL Kräuteressig	
1 TL Senf	
Salz, Pfeffer	sowie
Zucker	vermengen und über die Salatkräuter geben.

Oderhänge auf polnischer Seite

Hinter der Remise

Silvestersalat 2001

1 Eisbergsalat	und
1 grüne Paprika	
2 saure Gurken	
2 Äpfel	
200 g Schafs- oder Ziegenfeta	sowie
100 g Leerdamer	in mundgerechte Stücke schneiden und
1 rote Zwiebel	würfeln.
Petersilie	hacken und alles mischen.

Das Dressing

200 g Crème fraîche (Kräuter)	sowie
6 cl Rotwein	
4 cl Gin	
Sojasoße	
Limettensaft	
Honig	
Salz, Pfeffer	vermischen und unterheben.

Bei diesem Salat ist Vorsicht geboten, denn schon Ursula Winnington wusste: »Isst du gar zuviel Gemüse, so verdummt die Zirbeldrüse.«

Schokoziegen

Bliesdorfer Kohlsuppe

Vera Schröder, Bliesdorfer Heimatstube

3 kg Suppenfleisch vom Rind	mit
Wurzelgemüse	zu einer Brühe abkochen. Das Suppenfleisch würfeln.
6 kleine Rote Bete	und
1 Knolle Sellerie	würfeln.
6 Möhren	sowie
1 Stange Lauch	in Scheiben schneiden.
1 Weißkohl	in mundgerechte Stücke schneiden. Alles zusammen anschmoren, mit der Rinderbrühe aufgießen und gar ziehen lassen. Anschließend kräftig mit
Salz, Pfeffer	und
Majoran, Kümmel	abschmecken.
250 ml saure Sahne	mit etwas
Mehl	verrühren und mit
1 Eigelb	legieren. Die gewürfelten Fleischstücke wieder dazugeben.

Wer Kohlgeruch in der Küche nicht mag, sollte alte Brotrinden mitkochen, um den strengen Duft zu verhindern.

Heimatstube Bliesdorf

Eingerührte

Die Grundform dieser Suppe trifft man in vielen ursprünglich ärmeren Regionen Deutschlands an – wobei frische gute Grundprodukte, gewürzt mit Fantasie und einer Prise Liebe oft überraschende Ergebnisse hervorbringen.

250 ml Gemüsebrühe	mit
220 ml Buttermilch	erhitzen.
500 g Kartoffeln	kochen, zerquetschen, einrühren und mit
Salz, Pfeffer	sowie
Muskat, Cayennepfeffer	würzen.
Majoran, Petersilie	hacken und dazugeben. Dazu Würfel von kräftigem
Bauernbrot	in
Butter	rösten und als Croûtons über die Suppe geben. Sofort servieren!

Hammelfleisch mit Wirsingkohl

Rita Sievert, Neukarlshof/Neulewin

500 g Hammelfleisch	und
500 g Kartoffeln	in große Würfel schneiden.
1 Wirsingkohl	in grobe Stücke schneiden und alles schichtweise in einen Topf füllen. Jede Lage mit
Salz, Pfeffer	und
Kümmel	würzen.
1 Zwiebel	würfeln und dazwischen geben.
Brühe	aufgießen, bis alles bedeckt ist. Fest verschlossen 1 Stunde dämpfen.

Böttgermeister

Hugenotten-Kräutersüppchen

Die von Friedrich II. initiierte planmäßige Besiedelung des Oderbruches begann 1753. Mit Versprechungen und Vergünstigungen allerlei Art wurden Siedler aus Württemberg, Sachsen, Hessen-Darmstadt, Mecklenburg, der Schweiz und Niederösterreich ins Oderbruch gelockt. An die französischen Siedler, die Hugenotten, die schon hundert Jahre zuvor im Land aufgenommen wurden, erinnern heute noch Ortsnamen wie Croustillier, Beauregard und Vevais. All diese Einwanderer belebten Wirtschaft und Landwirtschaft in besonderem Maße. Sie bereicherten das kulturelle und geistige Leben und nahmen unmerklich Einfluss auf Ernährungsgewohnheiten der Region.

2 Schalotten	schälen und würfeln.
1 Salatgurke	schälen, entkernen, würfeln und in
Butter	und
Öl	anschwitzen. Mit
1 l Hühnerbrühe	und etwas
Weißwein	aufgießen.
4 große Kartoffeln	schälen, würfeln und dazugeben.
1 Bund frische Kräuter	hacken, dazugeben und weich köcheln. Suppe pürieren und mit
Salz, Pfeffer	
Muskat	
1 Prise Zucker	sowie etwas
Fenchelsaat	abschmecken.
Crème fraîche	unterziehen und mit
Croûtons	servieren.

Ich empfehle, Kräuter nicht zu hacken, sondern mit einer Küchenschere klein zu schneiden. So behalten sie ihre ätherischen Öle und geben weniger Bitterstoffe frei.

Altstadt von Bad Freienwalde

Kartoffelgulasch-Suppe

Je 2 rote und grüne Paprika	entkernen und würfeln.
2 Zwiebeln	schälen, würfeln, in
Öl	und
Butter	anbraten.
Tomatenmark	und
Zucker	dazugeben, mit
200 ml Rotwein	ablöschen.
1½ kg Kartoffeln	schälen, grob würfeln und dazugeben. Alles mit
Paprika (edelsüß und scharf)	
Kümmel, Majoran	
Zitronenabrieb	abschmecken.
Gemüsebrühe	auffüllen, bis alles reichlich bedeckt ist, dann köcheln lassen.

Diese falsche Gulaschsuppe eignet sich bestens für die vegetarische Küche und schmeckt aufgewärmt am besten – wie die meisten Eintöpfe.

Bauerngarten in Beauregard

Kokos-Hühner-Süppchen »Kalte Füße – heißes Herz«

4 Hühnerkeulen	in
Salzwasser	mit
Suppengrün	abkochen. Das Fleisch anschließend abgekühlt (ohne Haut) in Stücke zupfen, in
Butter	anbraten und zur Seite stellen.
4 Möhren	in dünne Scheiben hobeln und
1 Stange Lauch	in Streifen schneiden. Alles in
Sesamöl	scharf anbraten, mit
Sojasoße	ablöschen.
1 l Hühnerbrühe	und
1 Dose Kokosmilch (400 ml)	aufgießen und mit
Chilisoße (süß-scharf)	
Curry	sowie
Limettensaft	abschmecken. Bissfest köcheln und zuletzt das
Hühnerfleisch	dazugeben.

Schöne vorm Schloss Bad Freienwalde

Kalte Gurkensuppe

3 Salatgurken	schälen, von den Kernen befreien und würfeln.
Dill, Borretsch, Sauerampfer	klein schneiden. Alles zusammen mit
800 ml Buttermilch	
100 ml saure Sahne	
100 ml Sahne	
Zucker	
Salz, Pfeffer	und
Muskat	in den Mixer geben und pürieren. Ein paar Gurkenstückchen extra in die Suppe geben und kalt stellen.

Eine bei uns sehr beliebte Variante, ist die Zugabe von Senfgurkenwürfeln.

Kohlrübentopf mit Schweinebauch

Jutta Woitke, Neutrebbin

250 g Schweinebauch	mit
1 Zwiebel	
Salz	und
Wacholderbeeren	in Wasser weich kochen, durchseihen, das Fleisch in Würfel schneiden und zur Seite stellen.
750 g Kohlrüben	würfeln und in die Fleischbrühe geben.
1 kg Kartoffeln	schälen, würfeln und ebenfalls in der Brühe gar werden lassen.
20 g Meerrettich	und die Fleischwürfel wieder zugeben und nach Belieben abschmecken.

Kohlrüben haben oft einen muffigen, leicht erdigen Geschmack. Mit ein paar Spritzern Limettensaft verschwindet dieser meist völlig.

Gurkenblüte

Großer Bahnhof für Mangelware

Laut Informationen des Ministeriums für Handel und Versorgung über »eine Kontrolle auf dem Umschlagsbetrieb des VEB Obst, Gemüse, Speisekartoffeln« vom August 1985 wurde beobachtet, dass »der Umschlag des Warenzulaufes an importierten Pfirsichen und Melonen unzureichend bewältigt« wird. Das heißt nichts anderes, als dass genügend Pfirsiche und Melonen da waren, die jedoch nicht in die Läden gelangten, sondern auf dem Wriezener Bahnhof rumstanden und verfaulten.

Von den 17 Waggons voller Pfirsiche aus Griechenland, heißt es in der Information, seien nur drei entladen worden. Bei den zwei Waggons Grapefruits war die Entladung wegen Frühstücks unterbrochen worden. Auf der hintersten Ladestraße, so der Beobachter, hätten seit Tagen verschiedene Sorten Konserven, Säfte und Moste in der prallen Sonne gestanden. An anderen Stellen des Geländes hätten sich Haufen zerbrochener Paletten, Kisten und Stiegen und Berge von Stroh befunden. Zwischen Ladestraße und Gleisbett hätten Mengen von heruntergefallenen Pfirsichen, Tomaten und Melonen gelegen …

(Aus »Der Geschmack des Ostens«; Jutta Voigt, 2005)

Johanniter Gymnasium in Wriezen

Kürbis-Curry-Süppchen

Der Herbst mit seiner barocken Fülle ist unsere Lieblingsküchenjahreszeit! Wir empfangen mit offenen Händen, die Augen versinken in einem Meer von Farben. Das Herz ist des Dankes voll!

2 kg Kürbis	schälen und würfeln.
1 Stange Lauch	in Stücke schneiden. Alles in etwas
Olivenöl	scharf anbraten.
1 ½ l Gemüse- oder Hühnerbrühe	aufgießen. Reichlich
Currypulver »Madras«	hinzufügen, weich köcheln und pürieren.
Chilisoße (süß-scharf)	sowie
1 Prise Zucker	
Limettensaft	zum Abschmecken dazugeben. Mit ein paar Tropfen
Kürbiskernöl	und Streifen von ausgelassenem
Bacon (Speck)	servieren.

Kurfürstenquelle in Bad Freienwalde

Herbst im Überfluß

Linsensuppe meiner Kindheit

250 g Linsen	in
2½ l Wasser	über Nacht einweichen.
250 g Rauchfleisch	mit
1 Lorbeerblatt	
Piment	darin weich kochen und anschließend klein schneiden.
Mehl	anrühren, Suppe andicken und mit
Essig (10%ig)	
Zucker, Salz	sowie
Majoran	kräftig süß-sauer abschmecken. Dann das Rauchfleisch und
Kartoffelwürfel (gekocht)	dazugeben.

Wer Lust hat, gibt noch ausgelassene Speck- und Zwiebelwürfel darüber.

Lauch-Zitronen-Süppchen

750 g Lauch	in
Butter	anbraten.
750 ml Hühnerbrühe	aufgießen, weich dünsten und pürieren.
250 ml Sahne	dazugeben, mit
Salz, Pfeffer (weiß)	
Zucker	und
Limettensaft	fein abschmecken.

Mit Lachsstreifen serviert eine edle Silvestervariante.

Blick vom Nachbarland

Rathsdorfer Wildkäuter-Sahnesüppchen

Alfons Breier, Breiers Kräutergarten & Hofcafé

2 Schalotten	und
1 Knoblauchzehe	fein hacken und in
30 g Butter	andünsten.
Löwenzahn, Schafgarbe, Melde, Giersch, Bärlauch, Wegerich, Sauerampfer, Gundermann, Brennnessel, Taubnessel	gründlich waschen, verlesen und fein hacken. Im Topf kurz anschwenken und mit
350 ml Gemüsebrühe	ablöschen, 5 Minuten köcheln lassen und pürieren.
350 ml Sahne	dazugeben, kurz aufkochen und abschmecken.
2 Eigelb	verquirlen und die Suppe legieren.

Für den letzten Pfiff sorgt ein Glas Sekt – nicht im Koch, sondern in der Suppe! Prost Alfons!

Storchenturm

Sauerkrautsuppe »Rechts der Oder«

Marianne Borgemann, Gabow

500 g Rindfleisch Rippe, Brust, Beinscheibe)	würfeln und mit
500 g Sauerkraut (frisch)	in einen Topf geben. Mit
1½ l Wasser	auffüllen.
2 Lorbeerblätter	und etwas
Salz, Pfeffer	dazugeben.
1 Zwiebel	halbieren (nicht schälen), dazugeben und alles etwa 1½ Stunden köcheln lassen.
4 Kartoffeln	schälen, würfeln, dazugeben und noch etwa 1 Stunde weiter köcheln, bis alles zerkocht ist. Zwiebel und Lorbeer vor dem Verzehr herausfischen.

Die Suppe kann mit frischer Petersilie serviert werden.

Alte Schule Gabow

Sellerie-Apfel-Suppe

3 Äpfel	und
1 Knolle Sellerie	raspeln.
2 Zwiebeln	würfeln und alles in
Öl	anbraten.
½ – 1 l Gemüsebrühe	aufgießen, weich köcheln, mit
Balsamico (weiß)	
1 TL Sojasoße	
Salz, Pfeffer	sowie
Zucker	abschmecken und pürieren.

Vor dem Servieren mit Sahne und frischen Kräutern verfeinern.

Senfsuppe mit Lauch

1 Stange Lauch	in Ringe schneiden, in
Butter	andünsten und mehlieren.
1 l Gemüsebrühe	aufgießen und köcheln lassen.
250 g Crème fraîche	sowie
1 EL Senf (extra scharf)	
1 EL Senf (mittelscharf)	
1 EL Senf (süß)	einrühren und mit
Salz, Zucker	pikant abschmecken.
1 EL Senfkörner	in siedendem Wasser ziehen lassen, abgießen und vor dem Anrichten in die Suppe geben.

Freizeitvergnügen

Strunzelsuppe

Lotti Nörenberg, Reichenow/Möglin

1 l Wasser	mit
1 l Milch	zum Kochen bringen.
1 ½ kg Kartoffeln	schälen, raspeln und in der Flüssigkeit garen, bis die Suppe sämig ist. Mit
Salz, Pfeffer	
Zucker	sowie
Muskat	abschmecken.

Wer es süß mag, würzt noch mit Sirup nach.

Steckrübentopf mit Schweinefleisch

500 g fettes Schweinefleisch oder Eisbein	in
Wasser	mit
Wurzelwerk	und
Salz	abkochen. Die Brühe passieren und das Fleisch würfeln.
1 Steckrübe	und
6 große Kartoffeln	schälen, würfeln und in der
Brühe	weich kochen. Fleischwürfel wieder zugeben und mit
Majoran, Muskat, Kümmel	sowie
1 Prise Zucker, Pfeffer	abschmecken.

Spinatsuppe

Jutta Woitke, Neutrebbin

250 g Spinat	waschen, trocken tupfen und würfeln.
1 Zwiebel	klein schneiden und alles in
Butter	dünsten.
40 g Semmelmehl	dazugeben und ebenfalls anschwitzen.
1¼ l Brühe	angießen und etwa 15 Minuten kochen. Durch ein Sieb streichen und nach Belieben abschmecken.

Frau Woitke serviert die Suppe mit gerösteten Semmelwürfeln oder Scheiben von hart gekochten Eiern. Statt Spinat lässt sich auch Grünkohl verwenden, wobei sich dann die Kochzeit etwas verlängert.

Eulenturm im Frühling

Der Hahn ist tot

Von Dr. Horst Pfingsten, Uelsen

... dabei war Oma bei aller Zärtlichkeit, die sie geben konnte, nicht zart. Sie war eine Bäuerin und Wirtschafterin, kräftig, laut, auch grob, konnte zupacken, schimpfen (am liebsten – und am schönsten – auf polnisch). Folgende Szene muss an dieser Stelle beschrieben werden:

Wie stets, wenn ihre Tochter mit ihren beiden Enkeln im Sommer anreiste, gab es am folgenden Tag nach der Ankunft ein Festessen. Hauptgericht bei diesem Festessen sollte das freche Oberhaupt des Hühnervolkes sein. Das Federvieh lebte friedlich auf dem Hofe von Oma und Opas Anwesen in Schiffmühle, pickte dort emsig zwischen den buckligen Steinen, mit denen der Hof gepflastert war, nach Körnern und legte täglich brav der Oma die Eier in die Nester. Das Oberhaupt war nun ein Hahn, der kess sein Volk führte, dabei aber die Untugend besaß, den obersten Führungsanspruch, der stets und grundsätzlich von Oma ausging, zu missachten. Unter anderem krähte er zu Unzeiten – Hühner, die Oma zu ihren Lieblingen erwählt hatte, hackte er und er erdreistete sich sogar, die Oma selbst, wenn diese ihn zur Rede stellen wollte, anzugreifen. Das akzeptierte Oma nicht, und der Hahn selbst fällte mit diesem Verhalten sein Todesurteil. Die Vollstreckung wurde von Oma nun solange aufgeschoben, bis der Tag für die Festmahlzeit nahte.

Früh am Morgen, nach der ersten Nacht im dicken Daunenbett meiner Tante, wurde ich jäh aus dem Schlaf gerissen – von zorniglauten, ohne Luftholpausen ausgestoßenen Verwünschungen und Fluchtiraden – wobei, wie stets bei ernsteren Anlässen, Oma jene fremde Sprache benutzte, zu deren Vokabular auch »Malczyk« gehörte. Oma lief im Hof hin und her, und die Heftigkeit ihres Fluchens ließ mich ängstlich erstarren. Der Adressat ihrer Verwünschungen war leicht

Bauernbarock

Großmutter Ida

auszumachen, lief dieser doch ebenso laut schimpfend und gackernd von einer Ecke des Hofes in die andere, in Todesangst fliehend vor dem Griff der Oma.

Beide hassten einander – es ging um Leben und Tod. Der Hahn war kräftig und schnell und seine gestutzten Flügel hinderten ihn nicht daran, sich einige Male der nach ihm greifenden Hand durch einen kühnen Flatterflug über Omas Kopf hinweg zu entziehen. Es war ein akustisches Schreckensspektakel. Flucht und Verfolgung zogen sich lange hin, das lautstarke Toben im Hof schwoll und schwoll. Schließlich hatte Oma den Burschen gepackt; zu erkennen war dies zweifelsfrei an dem todesängstlichen Geschrei des einst überheblichen Tieres und auch an Omas Gefluche, welches jetzt deutlich durchsetzt war von lauten Schmerzensschreien, die von den kräftigen Schnabelhieben des Federtieres herrühren mussten.

Dann wurde es stiller. Ich wagte mich endlich ans Fenster, sah, wie Oma den Hahn wie einen Schleuderball mit hoher Drehzahl durch die Luft wirbelte, dann ihn – den durch diese Rotation völlig Umnebelten, Wehrlosgemachten – auf den großen Hackeklotz legte. Mit der Linken hielt sie das Beil – seinen Kopf, den taumelnden, platzierte sie und dann, mit links, zack – der Hieb. Aus dem Hals des Tieres spritzte das Blut, der Leib zuckte, während Oma die stoßenden Hühnerbeine mit ihrer Rechten umklammerte. Es war vorbei.

Oma schwitzte. Sie fluchte jetzt etwas leiser in quasi besänftigendem Tonfall, als wenn sie sich selbst zur Ruhe ermahnen wollte. Schließlich, nach kurzem Ausbluten, ging Oma mit dem Besiegten über den Hof und in die Küche, wo sie – die eine hervorragende Köchin war – sich an die Zubereitung des Festmahles machte. Mittags kam er auf den Tisch; ich aß mit gemischten Gefühlen und zwiespältigem Appetit, Oma schmauste. Als alle satt waren und die Tafel verlassen hatten, saß Oma noch lange über den Tellern und machte ausgiebig das, was sie »Chabotten« nannte. Ich kann diesen Begriff leider nur in dieser sicher inkorrekten Lautsprache wiedergeben: Knochenabnagen.

Giebel im Niemandsland

Wolfgangs Zwiebelsuppe

Unsere Küchenphilosophie: »Wir kochen gerne mit Wein ... manchmal geben wir ihn sogar ins Essen.«

1 kg Kasselerrippchen	zusammen mit
Suppengrün	in Wasser kochen. Nur vorsichtig, wenn überhaupt salzen. Dann passieren und abkühlen lassen. Das Fleisch auslösen und würfeln.
1 kg Zwiebeln	schälen und in dünne Ringe schneiden.
Zucker	in der Pfanne ganz hell karamellisieren. Zwiebelringe dazugeben und mit
Butter	anbräunen. Alles mit etwas
Mehl	bestäuben und dann schluckweise mit
Weißwein	ablöschen. Danach mit der Kasselerbrühe auffüllen, bis die gewünschte Konsistenz erreicht ist. Anschließend weich ziehen lassen und die Fleischstücke wieder dazugeben.

Vor dem Servieren in jede Tasse 1 EL Rotwein, Käsecroûtons und dünne Ringe von Lauchzwiebeln geben – das hebt den Geschmack und die Laune der Gäste.

Brandenburger Landpartie

Wirsingsuppe mit Pilzen

300 g Wirsing	in feine Streifen schneiden und blanchieren. Etwa 200 ml vom Blanchierwasser mit
250 ml Sahne	und
250 ml Milch	erhitzen. Dann
3 Kartoffeln (mehlig kochend)	schälen, würfeln und mit zwei Dritteln des Wirsings in die Brühe geben. 15 Minuten kochen, dann pürieren.
200 g Champignons	schneiden, in
Öl und Butter	braten, mit
Salz, Pfeffer	sowie
Muskat	würzen. Anschließend die Pilze und den restlichen Wirsing in die Suppe geben.

Diese Suppe sollte mit frischer Gartenpetersilie serviert werden.

Pilzsuppe für gute Freunde

Zucchini-Süppchen »De luxe«

1 große Zwiebel	schälen und würfeln.
3 Zucchini (mittelgroß)	schälen, entkernen und würfeln. Alles zusammen anschließend in
1 TL Öl	anbraten.
1 l Brühe	aufgießen, köcheln lassen und pürieren. Mit
Knoblauch	
Zucker, Meersalz	
Majoran, Muskat, Schwarzkümmel	sowie
Limettensaft	würzen und abschließend mit eisgekühlter
Butter	montieren.

Uns schwante was …

Mohn

Eierkuchen mit Spargel

6 Eier	mit
4 EL Mehl	
175 ml Milch	
Salz	und
1 TL Öl	zu einem Teig verquirlen und zehn Minuten quellen lassen. In wenig
Butterschmalz	ausbacken.
1 kg Spargel (grün)	vorbereiten und in
Wasser	mit
Salz, Zucker, Muskat	sowie
Butter	bissfest kochen. Die abgetropften Stangen in die fertigen Eierkuchen wickeln. Alles in eine Auflaufform schichten und mit
Butterflocken	belegen. Mit
Käse (gerieben)	bestreuen und überbacken.
Schnittlauchröllchen	kurz vor dem Servieren darauf geben.

Birnenwirsing

1 Wirsing	in Streifen schneiden. Mit
Öl	anschmoren, mit
Salz, Pfeffer	würzen, dann mit
200 ml Sahne	ablöschen und leicht köcheln lassen. Kurz vor dem Anrichten
3 Birnen	in Spalten schneiden, dazugeben und mit etwas
Birnensirup	abschmecken.

Fischers Lieblingsgericht

Dieses Rezept ist ein Gruß an meine zweite Heimat Vorpommern. Gerichte dieser Art werden dort mit Kartoffeln gereicht und als »zum Überfüllen« bezeichnet.

2 Zwiebeln	würfeln.
4 Zucchini (mittelgroß)	schälen, entkernen, würfeln und in wenig
Öl	anbraten.
500 g Hackfleisch	»kalt« anbraten und dazugeben. Dann mit
Salz, Pfeffer, Muskat	
1 Prise Zucker	und etwas
Zitronensaft	würzen.
4 Knoblauchzehen	hacken und dazugeben. Alles mit
300 ml Sahne	und etwas
Brühe	aufgießen und gar werden lassen.

Für die bewusste Ernährung: Hackfleisch in einer kalten Pfanne, ohne Fett anbraten. Das spart Kalorien und die Masse wird wunderbar krümelig.

Friedenseiche und St. Marien in Wriezen

Dreierlei Spargel

»Bergwerke, Spargel und alte Adelsgeschlechter haben eins gemeinsam: Das Beste von ihnen ruht unter der Erde.«
(Vic Hammond)

Je 500 g Spargel (grün, violett, weiß)	schälen und in gleich große Stücke schneiden. In
Wasser	mit
Salz, Zucker, Muskat	und
Butter	bissfest kochen, abtropfen lassen. Auf einer Platte anrichten, mit
Pfeffer (grob)	
Olivenöl	und
Balsamico	würzen.
3 Eier	hart kochen, würfeln und mit
Schnittlauchröllchen	sowie
Räucherforellenfiletstreifen	über den Spargel geben.

Eingefrorener Spargel darf nicht auftauen, sonst wird er matschig. Er muss in gefrorenem Zustand ins Kochwasser. Die Kochzeit verkürzt sich dann auf etwa zehn Minuten.

Entree in Altwriezen

Gänseblümchenteller

300 g Kartoffeln	schälen und klein würfeln.
300 g Kasseler	ebenfalls würfeln.
300 g grüner Spargel	in mundgerechte Stücke schneiden.
Olivenöl	in einer Pfanne erhitzen. Danach die Kartoffelstücke anbraten, die Fleischstücke und zum Schluss den Spargel dazugeben. Mit
Butter	verfeinern und mit
Zucker, Salz	sowie
Muskat, Oregano	würzen. Sobald alles schön kross ist, abdecken und ohne Wärmezufuhr gar ziehen lassen.

Vor dem Anrichten mit Gänseblümchenblüten dekorieren. Dazu unseren Lieblingswinzersekt vom Weingut Hammel-Hundinger aus der Pfalz ... und der Erfolg ist Ihnen sicher.

Mitternachtskonzert in Bad Freienwalde

Gefüllte Schmorgurken

Jutta Woitke, Neutrebbin

3 Gurken	schälen, längs halbieren und ausschaben.
200 g Hackfleisch	
100 g Weißbrot (eingeweicht)	
1 Zwiebel (gewürfelt)	
1 Ei	
Salz, Pfeffer	und
Majoran, Muskat	zu einer Teigfülle verarbeiten und die Gurkenhälften damit befüllen. Je zwei Hälften zusammenbinden und in
Fett	anbraten.
500 ml Brühe	heiß aufgießen. Darin die Gurken schmoren, bis sie glasig sind. Die Soße anschließend nach Bedarf andicken.

Bei Glutenunverträglichkeit empfiehlt sich, das Weißbrot gegen rohe oder gekochte, geriebene Kartoffel auszutauschen.

Brunnenfest in Bad Freienwalde

Gefüllter Sellerie

Jutta Woitke, Neutrebbin

4 Knollen Sellerie	dämpfen, schälen und aushöhlen.
50 g Weißbrot	
100 g Leber oder Hackfleisch	und
1 Zwiebel	mit dem Selleriemark durch den Fleischwolf drehen, mit
Salz, Pfeffer	und
Majoran	würzen und die Knollen wieder mit der Masse befüllen. Die vorbereiteten Knollen anbraten, mit
Brühe	aufgießen und zugedeckt fertig garen.

Gehaltvoller wird die Soße, wenn man noch etwas Sahne oder geriebenen Parmesan dazugibt.

Gemüsepuffer

4 Kartoffeln	und
4 Möhren	in möglichst lange Späne raspeln.
1 Stange Lauch	längs halbieren und in Streifchen schneiden. Mit
1 Ei	
Semmelbrösel	und
Salz, Pfeffer, Kümmel	vermengen. Daraus Puffer formen und mit wenig
Öl	braten, dabei einmal vorsichtig wenden.

Diese Puffer schmecken prima zu gebratenem Zanderfilet. Oder etwas kleiner gearbeitet zu Kräuterrahm und Räucherlachs.

Waldfriedhof Schiffmühle

Kartoffelanbau im Oderbruch

Der Preußenkönig Friedrich II. hatte schon in einer Kabinettsorder im Jahre 1746 weitsichtig angeordnet, dass die Domänen den Kartoffelanbau feldmäßig zu betreiben hätten – »Dem beschränkten Verständnisse seiner Untertanen und selbst seinen Behörden zum Trotz« – wie es hieß.
Wir wissen von Hungersnöten noch zum Ende des 18. Jahrhunderts, zum Beispiel aus dem Jahre 1770, als das Getreide äußerst knapp war und sich die Bauern auch im Oderbruch bequemten, Kartoffeln anzubauen. Keller wurden wegen des hohen Grundwasserstandes zur Lagerung der Kartoffeln nicht gebaut, man schüttete sie vielfach einfach in der ungeheizten Schlafkammer unter das Bett.
Der Speiseplan war auch noch zum Ende des 18. Jahrhunderts vom traditionellen Brei geprägt. Er wurde aus Hirse, Hafer, Buchweizen, Gerste oder Spelz, Dinkel oder Emmer, wie die Weizenarten damals hießen, hergestellt. Wer auch Hafer anbaute, der hielt wohl auch noch an der traditionellen »Habergrütze« fest oder stellte »Haberfladen« her, die flach gebacken und geröstet wurden und in harter Form lange aufbewahrt werden konnten. Nach dem Einweichen konnte man sie auch als Haferbrei essen.

(So gelesen in der Chronik des Geschichtsvereins Altreetz und Umgebung e.V.)

Oderwiesen bei Reitwein

Kartoffel-Rosenkohlauflauf mit gerösteten Haselnüssen

Wenn Friedrich II. in seinem schmuddeligen mit Tabaksflecken übersäten Rock, in seiner über dreißig Jahre alten Kutsche übers Land fuhr, so ließ er wie – Joachim Fernau fabuliert – in den Dörfern halten und beschimpfte die aufwartenden Bauern: »Kerls, ihr sollt mehr Kartoffeln anbauen, Preußen soll Kartoffeln essen, das ist was Gutes.«

1 kg Pellkartoffeln	schälen und in derbe Scheiben schneiden.
500 g Rosenkohl	bissfest kochen.
100 g Speck	und
2 Zwiebeln	würfeln und anschwitzen. Alles vorsichtig vermengen und mit
Majoran, Muskat	sowie
Salz, Pfeffer	kräftig abschmecken.
100 g Haselnüsse (ganz)	ohne Fett anrösten und über den Auflauf geben.
Sahne	und
Käse (gerieben)	nach Belieben darüber geben und überbacken.

Ohne Speck ist das Gericht auch eine wunderbare Variante für die vegetarische Küche.

Kürbis-Kartoffel-Stampf

1 kg Kürbis	und
1 kg Kartoffeln	schälen, würfeln, in
Salzwasser	gar dämpfen, abgießen und stampfen.
700 ml Milch (lauwarm)	darunter geben. Mit
Salz, Muskat	und
Butter	abschmecken. Eventuell
1 große Zwiebel	würfeln, anbraten, dazugeben.

Man kann auch Scheiben von Frühstücksbacon knusprig ausbraten und über den Stampf geben. Dieser wird nicht kräuselig, wenn man ihn vorher mit kaltem Wasser abspült.

Ganz in Weiß

Kümmelkartoffeln vom Blech

1 kg neue Kartoffeln	abbürsten und in dicke Scheiben schneiden. Diese mit einer Mischung aus
Butter	
Kümmel	und
Salz, Pfeffer (weiß)	bestreichen. Auf ein geöltes Backblech legen und bei 200 °C etwa 30 Minuten backen.

Am besten kauft man Kümmel in ungemahlenem Zustand. So behält er bei längerer Lagerung sein Aroma. Vor der Verwendung mit dem Mörser zerstoßen, entfalten sich seine ätherischen Öle – wohltuend regen sie den Magen an, wirken aber gleichzeitig krampflösend und beruhigend auf den Darm.

Kürbis-Rohkost

400 g Kürbis	schälen und fein raspeln.
2 große Äpfel	grob hobeln und mit
Limettensaft	
6 EL Mandarinensaft	und
1 TL Rapsöl	mischen. Mit
Honig	süßen und zum Garnieren
150 g Nüsse (gehackt)	darüber geben.

Stillleben mit Kürbis

Auch unser edles Sauerkraut, wir sollen's nicht vergessen. Ein Deutscher hat's zuerst gebaut, drum ist's ein deutsches Essen.
(Ludwig Uhland)

Sauerkrautpuffer

Küchenmeister Torsten Kleinschmidt

500 g rohe Kartoffeln	reiben.
200 g frisches Sauerkraut	klein schneiden und
1 Zwiebel	würfeln. Alles vermengen und mit
Salz, Pfeffer	abschmecken. In etwas
Rapsöl	knusprig braten.

Dazu passen ein frischer knackiger Salat, Kräuterquark und Leinöl. Mit Räucherlachs oder Saftschinken wird ein Festessen daraus.

Kürbisküchlein

1 kg Kürbis	schälen, raspeln und mit
Meersalz	leicht salzen. Den Kürbis kurz in Wasser ziehen lassen, dann kräftig auspressen.
1 Bund frische Kräuter	hacken und zum Kürbis geben. Etwas
Mehl	darüber sieben, mit
2 Eier	verkneten. Mit
Salz, Pfeffer	würzen und in heißem
Öl	esslöffelweise goldgelb ausbacken.

Der junge Landwirt

Schwarzwurzel-Spinatauflauf

800 g Pellkartoffeln	schälen und in Scheiben schneiden.
1 Glas Schwarzwurzeln (500 g)	abgießen, trocken tupfen, in
Butter	scharf anbraten und alles mit
Muskat, Majoran	sowie
Salz, Pfeffer	mischen.
Spinat (mit Speck und Zwiebeln)	mit
150 ml Sahne	sowie
2 EL Chilisoße (süß-scharf)	verrühren. Masse in eine gefettete feuerfeste Form geben und die Spinatsoße darüber gießen.
Parmesan (gerieben)	darüber geben und überbacken.

Arbeitet man mit frischen Schwarzwurzeln, gibt man sie zum leichteren Schälen für einige Zeit in heißes Wasser. Um ein Braunwerden des geschälten Gemüses zu verhindern, legt man es in Zitronen- oder Essigwasser.

Kochhandwerk im Wandel der Zeit

Spargel im Schlafrock

12 Stangen Spargel	schälen. Aus
Wasser	
Zucker, Salz, Muskat	und
Butter	einen Spargelsud herstellen und das Gemüse etwa 5 Minuten darin blanchieren, abtropfen lassen.
6 Platten Blätterteig (TK)	mit je 1 Scheibe
Schinken	belegen. Darauf dann je 2 Spargelstangen geben. Die Teigränder mit
Eiklar	einpinseln. Alles fest zusammenrollen und bei 200 °C backen.

Zusätzlich kann die Füllung mit Pesto oder gehackten Kräutern verfeinert werden.

Schloss Bad Freienwalde

Spargeltarte

4 Platten Blätterteig (TK)	nach Vorschrift aufbacken.
350 g Hähnchenbrust	würfeln und
500 g Spargel	klein schneiden. Alles in
Öl, Butter	braten und mit
Muskat, Salz, Zucker, Pfeffer	würzen. Die Masse anschließend in die Teigvertiefungen füllen.
Wildkräuter (Sauerampfer, Scharfgabe, Gundermann, Vogelmiere)	hacken und darüber streuen. Mit
Sauce Hollandaise	übergießen und überbacken.

Vegetarische Blumenkohl-Tomaten-Pfanne

6 große Tomaten	in dicke Scheiben schneiden und in eine gefettete Form geben.
Salz, Pfeffer, Zucker	darüber streuen.
1 Blumenkohl	in Röschen teilen, in
Salzwasser	bissfest garen, abtropfen lassen und auf die Tomatenscheiben setzen.
Käse (gerieben)	
Muskat	sowie
Butterflöckchen	darüber geben und überbacken.

Wer auf Fleisch nicht verzichten mag, brät Hackfleisch krümelig, schmeckt es ab und gibt es unter die Tomaten.

Märkische Urwälder

Bäckerbraten

Jeannette Butschke, Neuenhagen-Insel

2 Stück Oberschale vom Schwein (je 1½ kg)	mit grob gewürfeltem
Wurzelgemüse	und
4 Tomaten	bei 180 °C im Ofen garen.
10 Scheiben Weißbrot	würfeln und in
Butter	zu Croûtons rösten.
2 Eier	sowie
Senf	
Salz, Pfeffer	
Worcestersoße	
Petersilie, Schnittlauch (gehackt)	dazugeben und mischen. Die Panade als Kruste auf das Fleisch drücken und nochmals etwa 35 Minuten überbacken und in Scheiben servieren.

Historische Schauschmiede Altranft

Bierfleisch vom Chef

2 kg Schweinenackenkamm (ohne Knochen)	in dicke Scheiben schneiden, mit
Salz, Pfeffer	würzen. In
Rapsöl	stark anbraten, Fleisch herausnehmen.
2 Stangen Lauch	sowie
5 Möhren	
4 Zwiebeln	in grobe Stücke schneiden.
2 Stangen Staudensellerie	und
2 Knoblauchzehen	klein würfeln.
2 Küchenäpfel	schälen, entkernen, reiben. Alles in die Pfanne geben, rösten und mit
2 – 3 Flaschen »Schwarzer Abt«	ablöschen. Zusammen mit dem Fleisch weich köcheln. Dann mit
Stärke	andicken und mit
Salz	abschmecken.

Ein gut gekühlter »Schwarzer Abt« für den Koch erleichtert den Garprozess ungemein. Als Beilage empfehlen sich selbst gemachte Kartoffelklöße.

Schwarzer Abt

Schwarzer Abt ist ein spezielles Schwarzbier aus Neuzelle. Es spielte elf Jahre in der nationalen und internationalen Presse eine Rolle im so genannten »Bierkrieg« – eine Auseinandersetzung mit der brandenburger Bürokratie, ob es Bier ist oder eher nicht. Nach elf Jahren wurde letztendlich geklärt: Es ist Bier!

Tischkultur

Beckelhofer

Hildegard Schumacher

Je 750 g Schweine- und Rindfleisch (mager)	abspülen, trocken tupfen, grob würfeln und leicht mit
Salz	würzen. Anschließend stark mit
Pfeffer	bestreuen und in einen Steintopf schichten. Dann mit
1 l Weißwein	übergießen, bis das Fleisch bedeckt ist. Über Nacht ziehen lassen.
1½ kg Kartoffeln	schälen und in Scheiben schneiden.
1 Knolle Sellerie (mit Laub)	grob zerteilen. Alles in einer Küchenmaschine zerkleinern. Dann jeweils Kartoffeln, Fleisch und Gemüse abwechselnd in einen Bräter schichten. In die Mitte
1 Strauß Thymian	legen, mit dem Sud, dem restlichen Weißwein und
1 l Rinderbrühe	übergießen. Im Ofen bei 200 °C erst etwa 1 Stunde und dann bei 120 °C etwa 2 Stunden garen. Gegebenenfalls Flüssigkeit nachgießen. Vor dem Servieren gehackten
Dill und Butter	auf die Suppe geben.

Pferdeland Brandenburg

Braten vom Winterschwein

1 kg Schweineschulter	trocken tupfen und in die Mitte eine »Tasche« schneiden.
2 Backpflaumen	und
8 Trockenaprikosen	
1 Apfel	in kleine Würfel schneiden und in
Calvados	eine Stunde einlegen. Anschließend abtropfen lassen, in die Tasche füllen und diese mit Zahnstochern verschließen.
125 ml Wasser	kochen und über
1 EL Salz	
2 Knoblauchzehen (zerteilt)	gießen, mit
125 ml Apfelsaft	vermischen. Diesen Sud ins Fleisch spritzen. Anschließend mit
Salz, Pfeffer	würzen, den Braten mit
Nelken	spicken und bei 180 °C etwa eine Stunde schmoren. Dabei abwechselnd mit
Weißwein	und
Apfelsaft	übergießen. Den Braten dann ruhen lassen und in dickere Scheiben schneiden.

Dazu empfehle ich Spitzkohl, der mit Lauchstreifen in Öl angebraten wird. Honig und Pfeffer darüber geben, mit Weißwein ablöschen und bissfest servieren.

Glacierte Rippchen ... mitten in Amerika

Ursula Karusseit, Zollbrücke

1 großes Stück Ingwer	schälen und durch eine Knoblauchpresse geben. Dann zusammen mit dem
Saft 1 Zitrone	
½ Tasse Sherry	
4 EL Honig	
3 EL Tomatenmark	und
2 TL Sambal Oelek	unter ständigem Rühren aufkochen.
2 kg Rippchchen	mit
Salz, Schrotpfeffer	kräftig würzen und mit der heißen Marinade glacieren. Alles 1 Stunde unter häufigem Umwenden einziehen lassen. Anschließend auf eine Grillschale legen und auf dem offenen Feuer grillen, dabei dann noch öfter mit der Glace überziehen.

Mitten in Amerika – Ursula Karusseit, Thomas Rühmann, Jens-Uwe Bogadtke

Hoch über Zollbrücke

Birnen-Sauerkraut-Kasseler

Britt und Peter Härtling, Bernau

500 g Kartoffeln	schälen, in Scheiben schneiden und in einen gefetteten Bräter schichten.
750 g Kasselernacken	in Scheiben schneiden, mit
Pfeffer	würzen und auf die Kartoffeln legen.
4 große Birnen (Williams Christ)	halbieren, entkernen, auf das Fleisch schichten und mit
500 g Sauerkraut	bedecken. Bei 180 °C etwa 50 Minuten im Backofen backen.

Verfall

Fließ im Frühling

Kasselerbraten in Pflaumensoße

1 kg Kasselerlachse	mit
Pfeffer	würzen (nur vorsichtig nachsalzen). In
Rapsöl	anbraten, ablöschen und im Backofen bei 120 °C etwa 1 Stunde schmoren.
120 g frische Pflaumen (oder aus dem Glas)	und
10 Backpflaumen	gegebenenfalls entsteinen, klein schneiden und in den Bratenfond geben. Mit
Pflaumensaft	übergießen. Den fertigen Fond aufmixen und abschmecken.

Als Gemüse empfiehlt sich ein Pflaumenrotkohl, bei welchem man statt der üblichen Äpfel einfach Pflaumenmus unterhebt.

Flutzeichen in Neuranft

Bienenfutter

Kräuterkrustenschwein

1 kg Schweinekamm	oben und unten teilweise vom Knochen lösen, mit
Salz, Pfeffer	würzen, in die Schnittstellen
frische Kräuter (Zitronenthymian, Majoran, Estragon, Rosmarin, Salbei)	füllen. Obenauf
Trockenkräuter	streuen und mit
Speiseöl	abpinseln. Bei 180 °C etwa 1 Stunde backen. Zwischendurch mit
Wasser	übergießen. Die letzten 15 Minuten mit
Schwarzbier	übergießen. Das fördert die Bräunung und den Geschmack.

Wenn der Braten fertig ist, mit Alufolie einwickeln und 10 Minuten ruhen lassen, erst dann aufschneiden.

Schulzendorfer Dicke Backen Musik

Ein Kinderparadies an der Alten Oder

Theodor Fontane hatte gut reden, waren seine wandererprobten Beine doch deutlich länger als unsere Kinderbeine. Wir hatten sicherlich fast eine Stunde Fußmarsch vor uns, wenn wir das Bahnhofsgelände verließen. Dennoch: Ich war glücklich.

Vom hohen, mit Weiden gesäumten Damm, der sich von Freienwalde nach Schiffmühle hinwindet, öffnet sich bald der Blick frei zu den »Sandbergen«; nach rechts der Blick ins weite Oderbruch, blühende Getreidefelder, gelbe Rapsfelder in der Tat, links die niedergehende Sonne – müde vom Tage waren wir. Dann die Brücke über die Alte Oder, blau-grünes Wasser. Üppig die weißen und gelben Seerosen, Schilf, scheue Teichhühnchen, Blässhühner meckern; sie alle warten auf mich, auf meine erste Kahnfahrt, mein erstes Bad zwischen ihnen. Dann biegen wir nach rechts von der Straße auf den Dorfweg, an den kleinen bunt angestrichenen Häuschen vorbei (eines der ersten Häuser war das von Theodor Fontanes Vater). Der Dorfstraße müssen wir noch einen knappen Kilometer folgen, rechts der Blick über die schmalen Wiesen und Gärten zum Wasser, links die Häuser, hinter ihnen steil aufragend die bewaldeten Berge, schließlich rechts am Wasser das alte Sägewerk und noch eine Wegbiegung und noch eine und dann die letzte.

Jetzt fällt der Blick auf die »Oderklause«, unser Ziel. Oma winkt am offenen Fenster im ersten Stock ganz links, kaum erkennbar für uns Kinder, verschwommen in den Konturen, mühsam und glücklich erspäht von tränennassen Augen. Oma war dick, rauh, herzlich und lieb. Ihre Haare, die sie glatt nach hinten gekämmt trug, mündeten in einem flachen Knoten am Hinterkopf. Ihre freundlichen Augen blitzten hinter ihrer kleinen Nickelbrille hervor, sie lachte goldblinkend. Wir treffen uns am Hofeingang, sie zieht mich über ihren runden Bauch hinauf nach oben, klemmt mich zwischen ihre dicken Brüste und schmatzt mir ins Gesicht mit dicken Küssen. Dann zieht sie uns in ihre gastfreundliche Küche, und es gibt reichlich rosa Brause, später, als wir etwas älter waren, Berliner Weiße mit reichlich »Schuss«, Waldmeister- oder Himbeersirup.

Grüner Dschungel Alte Oder

Opa Franz war ein ernster Mann. Freundlich aber stets ernst, nie laut, nie wirklich nah. Sicher ein guter Mensch, alle mochten ihn, niemand kritisierte ihn, nie böse Worte über ihn. Im Morgengrauen schon auf den Beinen, fegte er als erstes die Treppen, die von der sandigen Straße hinaufführten in seine freundliche Wirtschaft; gastlich war er, Gastlichkeit machte er zu seinem Beruf. Man kam zu ihm; in aller Frühe bewirtete er bereits die durstigen Männer, die auf ihrem weiten Weg

Horst am Bahnhof

Rathaus von Bad Freienwalde

zur Arbeit zu Fuß oder per Fahrrad vorbeikamen, aus Tornow, Gabow, Altglietzen oder von noch weiter her aus Neuenhagen, schenkte die ersten Biere ein, ehe sie weiterradelten nach Freienwalde, Bralitz oder Wriezen zur Arbeit. Handwerker, Arbeiter, Tagelöhner. Abends auf dem Rückweg kehrte so mancher von ihnen erneut ein, blieb oftmals bis in die Nacht. Manch einer aber setzte nach dem ersten Frühschoppen am Morgen seinen Weg zur Arbeit gar nicht erst fort, blieb gleich – wie der »Alte Ginette«, oder wie immer er wirklich geheißen haben mag, zumindest immer so genannt, so ausgesprochen: der »Alte Dschinette«. Er kam morgens aus Herrenwiese, ein kleiner runzliger Mann von unbestimmbarem Alter, der auch mich, trat ich in die Gaststube ein, stets freundlich grüßte wie einen alten Bekannten. Still saß er dort, er war der erste Gast und oft der letzte, sprach leise und

St. Laurentius Kirche in Wriezen

Kleine Künstler

freundlich. Der Alte Dschinette war Elektriker, verriet mir Opa. Vermutlich war er auch Alkoholiker, aber freundlicher, sanfter. Welch ein Schicksal mochte ihn in das kleine Bruchdorf geführt haben? Schon sein Name klang fremd, von fremder Herkunft, französischer Klang. Stammte er von jenen von weit her angeworbenen Oderbruchsiedlern ab? Aus dem Elsass vielleicht? Gern würde ich ihn heute befragen. Irgendwann kam er nicht mehr, er war tot. Eine historische Gestalt. Opa kannte ihn, er war sein Vertrauter glaube ich.

So wie für mich Schiffmühle ein Paradies war, ein kindliches Paradies, ein Wunderland, so – davon bin ich heute überzeugt – war dieses Dorf auch für Opa ein Paradies, ein ersehntes, lange gesuchtes. Opa war still, irgendwie vornehm, nie laut, immer beherrscht, stets ernst, vielleicht traurig, wenn nicht sogar oftmals depressiv. Dabei voller Anziehungskraft. Die Dörfler mochten ihn, kehrten bei ihm ein, als einziger Gastwirt weit und breit war er auch hier einzigartig.
Im Jahre 1986 fragte ich forschend eine alte ehemalige Nachbarin meiner Großeltern von gegenüber nach Opa. Was war er für ein Mensch? »Was soll ich sagen? Er war gut, einfach gut. Alle mochten ihn, alle. Mehr weiß ich nicht.«

(Abdruck mit freundlicher Genehmigung von Dr. Horst Pfingsten, aus der autobiografischen Erzählung »Dahergekommen«)

Kaiserwetter

... heute ohne

Schweinebäckchen »Bürgermeisterart«

1 kg Schweinebäcken (oder Ochsen- oder Kalbsbäckchen)	parieren, mit
Salz, Pfeffer	würzen und in
Rapsöl	scharf anbraten.
Wurzelgemüse	und
1 Apfel	grob würfeln, dazugeben, braten. Mit
250 ml Rotwein	ablöschen und einreduzieren. Dann mit
400 ml Fleischbrühe	auffüllen und köchelnd weich ziehen lassen. Fleisch herausnehmen, den Fond pürieren und mit
saure Sahne	sowie etwas
Rotwein	abschmecken.

Alte Eisenbahnbrücke Bienenwerder

Kirchenmusiksommer

Geschmorte Grillhaxe

4 Grillhaxen	mit
Salz, Pfeffer	
Majoran ,Thymian (gerebelt)	würzen. Auf der Schwarte anschmoren.
Wurzelgemüse	und
2 Äpfel	grob würfeln beziehungsweise vierteln, dazugeben und ablöschen. Unter häufigem Übergießen im Ofen weich schmoren und aus dem Bratenfond eine Soße ziehen.

Die Haxen gegen Ende mit Schwarzbier übergießen. Das gibt eine schöne braune Kruste, einen guten Geschmack – und dem Koch etwas gegen den Küchendurst. Wir servieren zu diesem Gericht in Butter gebratene Scheiben von Semmelknödeln.

Lecker Pferdebuletten

Wildwuchs

Kümmelfleisch aus der Heimat

1 kg Schweineschulter	würfeln und mit
Salz, Pfeffer, Paprika (edelsüß)	würzen.
1 Zwiebel	und
150 g Speck (durchwachsen)	würfeln und im Schmortopf andünsten.
1 EL Kümmel	hacken und mit
1 EL Butter	vermengen. Alles in den Schmortopf geben, dann das Fleisch dazu und zugedeckt bei kleiner Hitze im eigenen Saft schmoren lassen. Mit
1 EL Senf	sowie
1 EL Zucker	verfeinern.
100 ml Buttermilch	und
100 ml Schwarzbier	
100 g Schmand	verquirlen und zum Fleisch geben.
2 Scheiben Schwarzbrot	ganz fein würfeln, die Soße damit andicken und alles abschmecken.

Kümmel ist Glaubenssache – man mag ihn oder eben nicht. Wir mögen ihn …

Koyenuma Denkmal in Wriezen

Echtes Fleischerhandwerk

Schinkenbraten für Deichcowboys

Jeannette Butschke, Neuenhagen-Insel

2½ kg gepökelter Schinken (vom Metzger Ihres Vertrauens)	Schwarte in Rauten einritzen.
20 Nelken	in Schnittstellen spicken, Fleisch auf den Rost legen und wassergefüllte Fettauffangschale darunter stellen. Bei 180 °C etwa 2 Stunden garen.
250 ml Bratenfond	und
100 g Rohrzucker	
4 EL Ahornsirup	sowie etwas
Senf	zu einer Marinade verrühren. Den Braten mit
Pfeffer (frisch gemahlen)	würzen und mit Marinade bestreichen. Bei etwa 220 °C im oberen Drittel möglichst bei Oberhitze 15 Minuten glasieren.

Schöner Wohnen im Oderbruch

Schweine-Oder-Rolle

4 große Schweinerouladen	mit
Salz, Pfeffer	würzen. Ein Drittel von jeder Roulade mit 1 Teelöffel voll
Senf	bestreichen.
4 Rotkohlblätter	und
4 Lauchblätter	blanchieren und trocken tupfen.
½ Knolle Fenchel	und
8 Champignons	in Scheiben schneiden und in
Butter	anbraten. Die Rouladen damit belegen, obenauf jeweils eine Scheibe
Schinken	legen, zusammenrollen und ordentlich verschnüren. Anschließend anbraten, schmoren und nach Belieben eine Soße ziehen.

Um lästigen Vorher- und Nachherfesselspielen zu entgehen, kann man auch mit Schweinenetzen arbeiten, die der Metzger Ihres Vertrauens gerne für Sie bereit hält.

Kurmittelhaus Freienwalde im Winter

Liebevolle Schweinerei

Zunge in Meerrettichsoße

4 Schweinezungen oder 1 Rinderzunge	in einem Sud aus
Wasser, Salz	
2 Möhren	
½ Stange Lauch	
1 Zwiebel	
¼ Knolle Sellerie	
2 Lorbeerblätter	und
Piment	weich kochen. Möglichst im heißen Zustand die Zungenhaut pellen. Den Sud mit
1 Glas Meerrettich (190 g)	passieren und mit
2 EL Mehl	
Sahne	sowie etwas
Salz	abbinden und abschmecken. Zunge kann vorher in Scheiben geschnitten werden.

Zusammen mit Kartoffelstampf servieren und diesen mit frischen Sprossen dekorieren.

Spezies Mauskatze

Burgunder Hühnerpfanne

8 Hähnchenkeulen	mit
Olivenöl	einpinseln, mit
Salz, Zitronenpfeffer, Curry, Thymian, Majoran	würzen und so mariniert 1 Stunde zugedeckt kalt stellen.
12 Kartoffeln	schälen und in schmale Spalten schneiden.
2 Stangen Lauch	und
6 Möhren	
3 Zwiebeln	grob zerteilen.
2 Stangen Sellerie	in kleine Würfel schneiden. Dann die Kartoffeln in einen geölten Bräter geben. Mit
1 Bund frischen Kräutern	belegen, etwas salzen und dann das Gemüse darüber geben.
150 g Trockenaprikosen	klein würfeln und auf dem Gemüse verteilen, dann die Keulen darauf legen und alles bei 180 °C etwa 30 Minuten backen. Mit
1 l Burgunder Weißwein	aufgießen und dann mit Deckel etwa 40 Minuten bei 160 °C weiter garen. Zum Schluss ohne Deckel 10 Minuten kross backen.

Vom Garten in die Pfanne

Burgunder Hühnerpfanne

Hähnchenpfeffer

6 Hähnchenkeulen	auslösen, in mundgerechte Happen teilen, mit etwas
Orangenpfeffer	würzen, etwas ruhen lassen und auf der Haut anbraten.
3 Zwiebeln	würfeln,
2 Möhren	in Streifen schneiden,
1 Bund Petersilie (glatt)	zerkleinern,
200 g Weintrauben	halbieren, gegebenenfalls entkernen,
2 Knoblauchzehen	klein würfeln und alles in dieser Reihenfolge dazugeben und ebenfalls braten. Mit
Curry, Salz	würzen und mit etwas
Sahne	und
Geflügelbrühe	im Verhältnis 1:1 aufgießen, etwas einreduzieren lassen.

Besonders fein dazu: ein gelber Reis, den Sie erhalten, indem Sie dem Reiskochwasser etwas Kurkuma und Öl zufügen.

Straßenfestimpressionen

Hühnerfrikassee »Will ich«

Der Glaubenskrieg, ob Reis oder Kartoffeln dazu gehören ist zweitrangig, Hauptsache es schmeckt und überhaupt – Omas Frikassee ist sowieso immer das Beste – in jeder Familie!

Frieda Willich (Großmutter des Autors)

1 Suppenhuhn	sowie
Suppengrün	
1 Lorbeerblatt	und
Piment	mit
Salz, Pfeffer	in Wasser weich köcheln, Fleisch auslösen und die Brühe passieren.
4 – 5 EL Mehl	und
250 ml Milch	mixen und langsam in die kochende Brühe geben. Mit
100 ml Sahne	verfeinern und mit
Salz, Zitronensaft	abschmecken.
1 Glas Kapern (90 g)	klein würfeln.
300 g Spargel	wie gewohnt zubereiten, in Stücke schneiden und alles in die Soße geben.
200 g Hackepeter	zu kleinen Kugeln rollen und in der Soße gar ziehen lassen. Mit gehackter
Petersilie	garnieren und servieren.

Fontane-Denkmal in Bad Freienwalde

Keulenbraten vom Federvieh

4 Hähnchenkeulen	auslösen, von der Haut befreien und mit
Salz, Pfeffer	würzen. Die Haut kross ausbraten und dann in kleine Würfel schneiden.
2 Brotscheiben	würfeln und in
Butter	braun rösten.
2 Handvoll Salat der Saison	waschen, zupfen und mit
Senfdressing	anrichten, dabei die Brotwürfel und die krosse Haut auf den Salat geben. Die Hähnchenkeulen in wenig
Rapsöl	braten und auf dem Salat anrichten.

Taubenhaus Altwriezen

Die Federköste

Von Ulrich Frischmuth, Altreetz

Östlich von Wriezen gehörten bis Kriegsende viele Dörfer zur Neumark. Im Oderbruch diesseits der Oder waren es die Dörfer Adlig Reetz, Alt Glietzen, Alt Reetz, Alt Wustrow, Bralitz, Gabow, Hohen Wutzen, Karlsbiese, Karlshof, Königlich Reetz, Neu Beyen, Neu Cüstrinchen, Neuenhagen, Neu Glietzen, Neu Lietzegöricke, Neu Ranft, Neu Rüdnitz, Neu Tornow, Neu Wustrow und Schiffmühle. In diesen Dörfern erinnern sich die älteren Leute noch an den neumärkischen Brauch, den man »Fäadaköste« nannte.

In den Wintertagen, wenn es draußen stürmte und schneite, erklang in den Bauernhäusern hinter den verschlossenen Fensterläden oft fröhliches Lachen: Fleißige Frauenhände übten sich dann im »Fäadarieten«. Während des ganzen Jahres hatte die Hausfrau die Enten- und Gänsefedern sorgfältig aufbewahrt, die nun gerissen werden mussten. Es galt früher die Tradition, für die Aussteuer der Kinder Betten zu beschaffen, von denen jedes mindestens zwei »Stand« haben musste.

Mit Einbruch des Abends stellten sich die zur »Federköst« gebetenen Frauen in der wohlig durchgewärmten Wohnstube ein. Der große Esstisch wurde ausgezogen und auf dem Familiensofa, das gewöhnlich hinter dem Esstisch stand, nahmen die älteren Frauen Platz. In die Mitte des Tisches wurden die ungerissenen Federn geschüttet, von denen sich jede Frau eine Handvoll auf ihren Platz legte. Sofort ging es los und die flinken Hände regten sich und natürlich auch die flinken Zungen. An Themen mangelte es nie, ob Politik, Wetter, Tagesgeschehen, alles und alle wurden durchgehechelt, es gab kein Radio und kein Fernsehen, Zeitungen waren noch teuer und selten.

Die Männer machten sich in der Regel rechtzeitig aus dem Staube. Entweder sie gingen gleich zum Nachbarn oder in die Gastwirtschaft oder ins Bett, je nach Bedürfnis. Oft war das Pensum erst gegen Mitternacht geschafft. Der Tisch wurde gesäubert und mit einem weißen Tuch bedeckt. Tassen und Teller wurden vorgelegt, denn Berge von Kuchen waren vorbereitet. Der Höhepunkt des Abends war gekommen,

Oderbruchzoo Altreetz

wenn die Gastgeberin die große dickbauchige Kaffeekanne auf den Tisch stellte, von der ein wunderbarer Duft ausging. Nun wurden die müden Geister noch einmal geweckt und alle sprachen dem Dargebotenen wahrscheinlich kräftig zu. Übrigens waren Pfannkuchen sehr beliebt, später auch Schokoladen- und Zitronenspeisen. Wer es besonders gut meinte, spendierte auch noch einen »anständigen Korn« zum Abschluss, bevor die Frauen sich in ihre Mäntel und Tücher hüllten.

Dann war es wieder still im Dorfe, das alte Gehöft lag stumm und dunkel an der verschneiten Dorfstraße. Am nächsten Abend traf man sich dann wieder zur »Federköste«, natürlich bei einem anderen Nachbarn.

Gänsebraten im Sommer

Ältestes Haus in Gabow

Mai-Täubchen mit Petersilienfülle

6 Täubchen (küchenfertig)	mit
Salz, Pfeffer	würzen. Taubenherzen und Mägen ganz fein hacken, mit
200 g Hackfleisch	anbraten, würzen und mit
1 Bund Petersilie (glatt, gehackt)	vermengen. Die Masse in die vorbereiteten Täubchen füllen. Im Backofen mit etwas
Butter, Öl	bei etwa 160 °C rund 30 bis 40 Minuten garen. Mit etwas
Hühnerbrühe	ab und an übergießen. Zum Schluss aus dem Fond eine Soße ziehen.

Bei einigen Rezepten verweisen wir auf Anbraten mit Butter und etwas Öl. Der Hintergrund ist folgender: Das Fleisch soll vom feinen Buttergeschmack getragen werden. Damit die Butter dabei aber nicht verbrennt, ist die Zugabe von etwas Öl erforderlich.

Kuppelkirche Kunersdorf

Altwustrower Kaninchenbraten

Elke Krüger, Altwustrow

Als wir noch recht neu im Oderbruch waren, bekochte uns Elke Krüger mit diesem wunderbaren Gericht zum Hochzeitstag. Ein unvergessener Abend, der uns ein erstes Gefühl von Heimat bescherte.

1½ kg Kaninchenteile	mit
Salz, Pfeffer	
Ingwer (gehackt)	und
Wriezener Senf	einreiben.
100 g Speck	in Streifen schneiden.
1 Zwiebel	und
1 Möhre	schälen und in Stücke schneiden. In
Olivenöl	anbraten, mit
1 l Gemüsebrühe	auffüllen und im Ofen bei mittlerer Hitze garen. Anschließend etwas
Mehl	und
Wasser	verquirlen und den Fond andicken.

Bei Familie Krüger gibt es dazu frisches Gartengemüse: Möhren, Schoten und Spargel in Kräuterbutter

Marktbrunnen in Wriezen

Kaninchenfrikassee

Für unsere polnischen Nachbarn: królik w potrawce z podsmażanymi kurkami

4 Kaninchenkeulen	mit
Salz, Pfeffer	würzen.
Suppengrün	und
1 Apfel	grob würfeln, dazugeben und anbraten.
1 l Brühe	aufgießen und fertig schmoren. Dann das Fleisch auslösen, den Fond passieren, mit
Senf	
Milch und Mehl	binden, dann
100 ml Sahne	sowie
100 ml saure Sahne	zugeben und abschmecken.
400 g grünen Spargel	bissfest garen, in Stücke schneiden und mit dem Fleisch in die Soße geben.

Anstelle von grünem Spargel können auch frische Pfifferlinge – in Butter gebraten – zur Soße gegeben werden.

Dezemberschlehen

Trockenübung

Kaninchenkeule in Sanddorn

Mirko Zimmermann, Neureetz

4 Kaninchenkeulen	trocken tupfen, mit
Salz, Pfeffer	würzen.
1 Zwiebel	würfeln.
100 g Speck	würfeln und mit den Keulen anbraten. Dann
1 süßen Apfel	über die Keulen raspeln. Anschließend mit
500 ml Sanddornsaft	aufgießen und bei mittlerer Hitze schmoren. Nun die Keulen herausnehmen, den Fond mit dem Zauberstab aufmixen und gegebenenfalls mit
2 EL Sanddornmarmelade	andicken.

Mit Kräuterkartoffeln serviert, ein feiner Sonntagsbraten.

Reitertag in Neuwustrow

Zimtkaninchen

4 Kaninchenkeulen	mit
Salz, Pfeffer	würzen.
Suppengrün	und
1 Apfel	grob würfeln. Alles nacheinander anbraten.
1 l Brühe	aufgießen, fertig schmoren, den Fond passieren und das Fleisch auslösen. Die Soße mit
Kartoffelstärke	binden.
Wildpreiselbeeren	und
Schwarzes Johannisbeergelee	löffelweise dazugeben. Bei gewünschter »Süße« mit
Zimt	vorsichtig abschmecken und das Fleisch in die Soße geben.

Auf zum Turmdiplom nach Bad Freienwalde

Ich will nicht küssen

»Als Mahl beganns, und ist ein Fest geworden.«
(Rainer Maria Rilke)

Lamm-Sauerbraten

1½ kg frische Lammkeule	auslösen. Das Fleisch mit Wurstfaden zusammenbinden.
2 Möhren	
2 Zwiebeln	
Pfefferkörner, Piment	
2 Lorbeerblätter	
1 l Rotwein (trocken)	und
200 ml Rotweinessig	kurz aufkochen und abkühlen lassen, darin das Fleisch mindestens 48 Stunden einlegen. Anschließend das Fleisch trocken tupfen, mit
Salz, Pfeffer	würzen, hart anbraten, mit Marinade und Wasser im Verhältnis 1:1 auffüllen und weiterschmoren. Den Fond mit
200 ml Sahne	und
Soßenlebkuchen	abbinden und abschmecken.

Zum effektiven Einlegen sollte das Fleisch mit der Marinade in einer Plastiktüte fest verknotet werden. Dabei sollte sich keine Luftblase bilden.

Lichtspiele

Wildrouladen

Horst Brodhofer, Gasthaus »Zur Oderbrücke« Altglietzen

1 Hirschblatt (Schulter)	vom Knochen befreien, das Fleisch in handgroße, längliche Rouladen schneiden und plattieren. Mit
Salz, Pfeffer	gut würzen.
250 g Speck	in Scheiben und
4 Zwiebeln	in Streifen schneiden und die Rouladen damit belegen. Anschließend rollen und mit Wurstfaden fixieren. In etwas
Öl	scharf anbraten.
2 Lorbeerblätter	dazugeben und mit
Brühe	aufgießen. Unter häufigem Übergießen etwa 1 Stunde schmoren. Die Lorbeerblätter entfernen und den Fond mit
250 ml saure Sahne	verrühren und abschmecken.

Man die ausgelösten Knochen mit Wurzelwerk ansetzen und eine wunderbare Brühe kochen, welche man dann zum Angießen verwenden kann.

Flatterhaftes Landleben

Wildschweinkeule

Das Vorheizen des Backofens bei Umluft ist häufig überflüssig. Der Braten bleibt nur unwesentlich länger im Ofen, die Energieersparnis kann aber bis zu 20 Prozent betragen. Als Faustformel für die Garzeit merke man sich: etwa eine Stunde je Kilogramm. Das Fleisch immer gegen die Fasern schneiden.

1 Keule vom Wildschwein	parieren. Dann mit
Salz, Pfeffer	und
Wildwürzmischung	einreiben. Bei 200 °C mit wenig
Öl	anbraten.
1 mittlere Knolle Sellerie	
500 g Möhren	sowie
500 g Zwiebeln	würfeln, nach etwa 30 Minuten dazugeben und mit
250 ml Rotwein	ablöschen. Die Hitze auf 180 °C reduzieren, zwischenzeitlich mit
Wasser	und
Rotwein	übergießen und die Keule drehen. Dann die Keule herausnehmen, in Alufolie einschlagen und ruhen lassen. Den Bratenfond komplett mit dem Mixstab pürieren, dann mit
Schmand	
Rotwein, Portwein	
Johannisbeergelee	und
Salz, Pfeffer	abschmecken. Keule auslösen und in Scheiben schneiden.

Erntefest in Schulzendorf

Fisch-Spinat-Fenchel-Auflauf

Heidi Eckert, Wriezen

500 g Blattspinat	mit
Salz, Pfeffer, Muskat	würzen und in eine gefettete Auflaufform schichten. Dann
4 – 6 Welsfilets	ebenfalls würzen und auf den Spinat legen. Darauf
frische Kräuter (Dill, Zitronenthymian)	geben und
1 Fenchelknolle	darüber hobeln.
200 ml Sahne	mit
200 ml Milch	
1 Ei	sowie
Muskat, Salz, Pfeffer	verquirlen und über den Auflauf gießen. Im Backofen bei 180 °C etwa 20 bis 25 Minuten überbacken.

Historisches Sparkassengebäude in Wriezen

Fischfrikassee

650 g Welsfilet	entgräten, grob würfeln und mit
Salz, Pfeffer	würzen, zur Seite stellen. Dann aus
Butter, Mehl	eine helle Mehlschwitze ziehen. Unter Zugabe von
1 l Fischfond	zur gewünschten Konsistenz bringen. Mit
Zucker	und
Senf, Sahne	abschmecken.
Kapern und Dill	hacken und unterheben. Die Fischstücke anschließend in der Soße gar ziehen lassen.

Alternativ können Sie auch einen anderen festen Fisch verwenden.

Wilde Oder bei Lebus

Landpartie in Neugaul

Karpfen auf Kartoffelbett

650 g Kartoffeln	schälen, in 1 cm dicke Scheiben schneiden und diese in einem gefetteten Bräter auslegen. Mit
Salz, Pfeffer	würzen.
1 Karpfen (küchenfertig)	mit
Salz	
Zitronensaft	würzen und auf das Kartoffelbett legen.
1 Stange Lauch	und
1 Knolle Sellerie	grob würfeln und darüber geben. Mit
Butterflocken	belegen und ohne Deckel bei 180 °C etwa 1 Stunde im Backofen backen. Zwischendurch mit
Fischfond	übergießen. Dazu wird
Sahnemeerrettich	gereicht.

Heute: zappelfrischer Fisch

Frisches Golzower Landgemüse

Karpfen in Biersoße mit Fliedermus

1 l Doppelkaramell	mit
1 l Schwarzer Abt	
1 Lorbeerblatt	
Pfefferkörner, Piment	
4 Zwiebeln	
Karpfenkopf, Karpfenschwanz	aufkochen. Dann den gesäuberten und geschuppten
Karpfen (max. 4 kg)	in die Flüssigkeit geben und köcheln. Den Fisch vorsichtig herausheben, den Sud passieren und mit
1 Zitrone	sowie
200 g Schmand	fertig abschmecken. Eventuell nach Belieben andicken. Fisch portionieren, in die Soße geben.

Mit Fliedermus und Salzkartoffeln servieren.

Das Kochen von Fliedermus

Die gewaschenen Fliederbeeren, also die Früchte des Schwarzen Holunders, der im Oderbruch reichlich wuchert, werden kurz aufgekocht oder auch roh ausgepresst. Der entstandene Saft muss dann leise siedend köcheln. Um nicht dauernd rühren zu müssen, kann man auf den Boden des Topfes den abgebrochenen Fuß eines Weinglases oder einen anderen Gegenstand stellen oder legen, damit eine ständige Bewegung im Topf entstehen kann. Nach einiger Zeit nimmt man den Gegenstand heraus und rührt den schon eingedickten Saft so lange, bis eine dicke Masse entsteht, die man in kleine Gläser oder Steintöpfchen füllt und mit Pergamentpapier luftdicht abschließt. Die entstandene Masse hält sich jahrelang und wird als »Flederkräude« oder »Fleddermus« zur Zubereitung von Fischgerichten genutzt.

So gelesen in der Chronik des Geschichtsvereins Altreetz und Umgebung e.V.

Heute kauft man Fliedermus mit etwas Glück beim Fischhändler seines Vertrauens.

Leichte Sommerküche

Karpfen in Senf-Butter

1 Karpfen (mind. 2 kg)	schuppen, ausnehmen, säubern und in angenehme Portionen schneiden. Mit
Salz, Pfeffer	würzen, leicht mit
Mehl	mehlieren und auf ein gefettetes Blech legen. Im vorgeheizten Backofen bei 180 °C etwa 25 Minuten backen. In einem Topf
250 g Butter	zerlassen, mit
1 Becher Senf (200 g)	verquirlen. Den Fisch auf Tellern anrichten und mit der Senfbutter übergießen.

Dazu mehlige Kartoffeln reichen und alles mit Kresse überstreuen.

Kräuterforellen

Hans Moedebeck, Schmatzin

Diese Forellen durften wir Silvester 2009/2010 in Vorpommern genießen.

4 Forellen (küchenfertig)	trocken tupfen.
Je 1 Bund Petersilie, Basilikum, Majoran, Thymian	waschen, hacken, die Forellen damit füllen und verschließen. Dann die Fische in
Milch	tauchen und in
Mehl, Salz, Pfeffer	wälzen. Im Backofen (Grillstufe) bei 200 °C von jeder Seite etwa sechs bis acht Minuten grillen. Dann
100 g Butter	zerlassen und über die Fische geben.

Im Westen geht die Sonne unter

Die Hechtreißer und der Pritzstabel

Die Zunft der Hechtreißer wurde 1692 gegründet, nachdem das Gewerk schon Jahrhundertelang bestand und hauptsächlich nebenberuflich betrieben wurde. Bereits 1441 erfolgte die erste Erwähnung als Fischreißer. Der Hechtreißer war Fischaufkäufer, riss die Fische zum Entgräten am Rücken auf, salzte sie ein und verkaufte sie. Die Zunft war in der Stadt wegen ihrer Bedeutung hoch angesehen und hatte 1740 mit 42 Mitgliedern ihren Höhepunkt. Seit 1782 ist die Zunft eng mit dem Namen Conrad verbunden. Am 5. Oktober 1874 fand die letzte Zusammenkunft der Hechtreißer statt, die nach der Trockenlegung des Oderbruchs immer mehr an Bedeutung verloren hatte.

Vor der Entwässerung des Oderbruchs wäre wohl der Pritzstabel eingeschritten, ein behördlich eingesetzter Fischereiaufseher, der auf der Oder und in den Odergewässern darauf zu achten hatte, dass alle Fische nach Wriezen gebracht werden. Sie durften neben dem Eigenbedarf Fische nicht reißen, das heißt schlachten, salzen und verkaufen, sondern nur gegen Waren tauschen, die sie für den eigenen Gebrauch benötigten. Obendrein gebührten dem Landesherrn nicht nur die Herrenfische wie Hecht und Wels, sondern auch ein Zoll, die zwei besten Fische eines jeden Fanges.

Der Pritzstabel hätte die unrechtmäßig feilgebotenen Fische konfiszieren müssen. Die Dörfer waren zur Zwangslieferung ihrer Fische auf den Wriezener Fischmarkt verpflichtet. Seit 1692 lag der gesamte Fischhandel im Bruch in den Händen der so genannten Hechtreißerinnung in Wriezen. Nur Mitglieder dieser Innung durften Fische aufkaufen und für den Handel zurechtmachen, dafür zahlten sie den Reißpfennig.

Quellen: www.oderbruchpavillon.de, Tourismusverein Wriezen

Albert Mahler-Denkmal in Wriezen

Marinierter Hering nach Oma Lenchen

600 g Matjes	abtropfen lassen und in mundgerechte Häppchen schneiden.
Mayonnaise oder Salatcreme	und
200 ml Milch	dickflüssig verrühren.
1 rote Zwiebel	und
4 Gewürzgurken	
2 Äpfel	würfeln, in den Fond geben und mit
2 Lorbeerblätter, Piment	würzen, abdecken und über Nacht ziehen lassen.

Am Tag des Verzehrs bedenke man: Fisch will schwimmen.

Köche auf Beutezug

Fischkopp

Hohenwutzener Aalgericht

Sandra Thürling

Wurzelgemüse	in
2 l Wasser	mit
1 Lorbeerblatt, Piment	und
Salz	zu einem Sud kochen. Inzwischen
1½ kg Aal	abziehen, säubern, in 10 cm Stücke teilen und anschließend etwa 15 Minuten im Sud gar ziehen lassen, dann herausnehmen. Aus
Mehl, Butter	eine Mehlschwitze fertigen und mit der Aalbrühe eine Soße ziehen. Mit
3 Eigelb	legieren und mit
125 ml Sahne	
Salz, Pfeffer	sowie
Dill	würzen und abschmecken. Die Aalstücke hineinlegen und alles mit Salzkartoffeln servieren.

Unteres Odertal bei Criewen

Grenzerfahrung

Quappenfilet auf geschmortem Wintergemüse

Die Quappe (Lota lota) ist ein Knochenfisch. Die Quappe ist der einzige Fisch aus der Ordnung der Dorschartigen, der im Süßwasser vorkommt – speziell in der Oder. Die Quappe gilt als hervorragender Speisefisch. Ihre vor der Laichzeit fettreiche, große Leber war bereits im Römischen Reich von Feinschmeckern sehr begehrt. Insbesondere ihr Ruf als Laichfresser machte sie bei Fischern unbeliebt, daher wurde sie häufig gezielt aus Gewässern entfernt. Inzwischen gibt es vielerorts Bestrebungen zur Wiedereinbürgerung, wie zum Beispiel in der Ruhr oder der Oste.

200 g Wirsing	und
200 g Spitzkohl	
200 g Lauch	in Streifen schneiden und mit
Öl	in einer Wokpfanne anschmoren. Dann mit
Salz, Schrotpfeffer	und
1 EL Honig	würzen, mit etwas
Weißwein	ablöschen und bissfest garen.
6 Quappenfilets	in
Mehl	wenden und mit
Salz, Pfeffer	würzen, bei mittlerer Hitze braten. Auf dem Wintergemüse anrichten.

Erwischt

Geräucherte Welsroulade

Die Welsroulade wurde 2003 von der DLG mit einer Goldmedaille prämiert.

Wolfgang Schalow, »Schechert's Hof« Marxdorf (Mitglied im »Oderculinarium«)

1 kg frisches Welsfilet	in acht dünne Scheiben schneiden und mit
Salz, Pfeffer	würzen. Anschließend mit
Honigsenf	einstreichen und mit
Kräuter der Provence	bestreuen.
1 Gemüsezwiebel	und
3 Paprika (bunt)	in Streifen schneiden, in
Rapsöl	glasig dünsten beziehungsweise bissfest schmoren. Dabei salzen und pfeffern. Auf die Fischscheiben abwechselnd Paprika- und Zwiebelstreifen verteilen und zu Rouladen rollen. Mit Zahnstochern fixieren, auf ein Gitterrost legen und im Räucherofen bei 80 bis 90 °C etwa 1 Stunde im heißen Rauch gar ziehen lassen.

Man kann diese Spezialität kalt auf Brot oder ofenwarm mit feiner Senfsoße und Kartoffeln essen.

Der Deichgraf

Weiße Fischsuppe

1 kg Fischfilet (gemischt)	in
1½ l Gemüsebrühe	gar ziehen lassen, Sud abgießen, auffangen, beides beiseite stellen.
1 Zwiebel	und
150 g Champignons	würfeln.
1 Stange Lauch	in Streifen schneiden, alles in
Butter	anbraten, mit
Mehl	bestäuben und mit
Fischfond	aufgießen.
250 g Tomaten	häuten, würfeln und dazugeben.
150 g Crème fraîche	sowie
Limettensaft	unterziehen.
1 Bund Kräuter	hacken und mit den Fischstücken in die Suppe geben.

Zum Verfeinern noch Wermut oder Pernod hinzugießen und mit »Rosa Beeren« und Dill anrichten.

Rosa Beeren: In jedem Supermarkt als Gewürz zu kaufen – wird fälschlicherweise auch als roter Pfeffer bezeichnet.

Frühlingserwachen

Steg an der Alten Oder

Quappen-Tellersülze

2 Quappen	filetieren. Die Filets würfeln, mit
Salz, Pfeffer	würzen und zur Seite stellen. Dann die Karkassen mit
Wasser	
1 Zwiebel	
1 Fenchel	
8 Champignons (weiß)	
1 Lorbeerblatt, Piment	
Salz	
100 ml Weißwein	und
1 Schuss Estragonessig	25 Minuten köcheln lassen und den Fond passieren.
1 Möhre	und
½ Stange Lauch	in kleine Würfel schneiden und blanchieren.
½ Salatgurke	schälen, entkernen, in kleine Würfel schneiden. Alle Gemüseteile und die blanchierten Filets in tiefe Teller verteilen.
12 Blatt Gelatine	einweichen.
Fischfond	mit
Limettensaft, Pfeffer	abschmecken, mit der ausgedrückten Blattgelatine verarbeiten und über die Teller gießen.

Den Fischfond sollte man mit Eiklar klären. Dazu 4 Eiklar mit etwas Soßenbinder vermischen, vorsichtig in den Fond geben und mit geringer Wärmezufuhr stocken lassen. Nicht rühren und vorsichtig passieren.

Unser Nachbar

Zanderfilet mit Kartoffel-Gemüse-Puffer

1 Zwiebel	und
1 Bund Lauchzwiebeln	
¼ Stange Lauch	klein würfeln.
4 große Kartoffeln	sowie
2 Möhren	schälen, raspeln. Alles mit
Pfeffer	und
Knoblauchöl	würzen, kneten und portionsweise in wenig
Öl	goldbraun ausbacken.
4 Zanderfilets	mit
Salz, Pfeffer	sowie mit dem
Saft 1 Orange	würzen. Auf der Hautseite leicht mit
Mehl	mehlieren und in
Rapsöl	braten. Dann Zweige von
Rosmarin, Thymian, Salbei	und
1 EL Butter	
15 Weintrauben (halbiert)	in die Pfanne geben und kurz anschwenken. Anschließend alles auf den Puffern anrichten.

Erlenbruch bei Neukietz

Birnen, Bohnen und Speck »light«

Küchenmeister Torsten Kleinschmidt

750 g Bohnen	waschen, in Stücke brechen und etwa 20 Minuten kochen.
200 g Schinkenspeck (mager)	sowie
200 g Zwiebeln	fein würfeln und anschwitzen. Die gekochten Bohnen und
1 TL Bohnenkraut	hinzufügen. Blütenansätze von
500 g Birnen	entfernen, Stiele dranlassen (die Früchte behalten damit ihre unversehrte Haut, die sie bis zum Schluss zusammenhält). Obst nun auf die Bohnen legen, alles zusammen garen und mit
100 ml Apfelsaft	sowie
100 ml Apfelessig	auffüllen und mit
Salz, Pfeffer	abschmecken.

Dazu passt knuspriges Landbrot. Aufgrund der Zutaten sind August und September die idealen Zubereitungsmonate.

Verdienter Feierabend

Arbeiterananas

Kürbis süß-sauer trug in der DDR den Namen »Arbeiterananas« und spielte damit ironisch auf das permanente Fernweh der Bürger an. Gegessen wurde diese, in ländlichen Regionen beliebte Beilage zu herzhaften Fleischgerichten und Wild.

375 ml Weißweinessig	und
125 ml Weißwein	
500 g Gelierzucker	
4 Stck. Zimtstangen	
2 Nelken	zusammen aufkochen.
1 kg Kürbisfleisch	würfeln, im Gewürzsud glasig dünsten und mit
Piment, Kardamom (gemahlen)	abschmecken. Anschließend in Gläser füllen, verschließen und etwa 4 Wochen kühl und dunkel lagern.

Boddermelk un Stampftüften

Anni Lüneberg, Kerstenbruch

1½ kg Kartoffeln	schälen, in
Salzwasser	gar kochen, abgießen und stampfen.
150 g durchwachsenen Speck	und
1 Zwiebel	würfeln, zusammen anschwitzen und unter die zerstampften Kartoffeln heben. Mit
Salz, Pfeffer, Muskat	abschmecken und in tiefe Teller geben. In die Vertiefung
Buttermilch	gießen.

Sprit- und Essigfabrik in Wriezen

Bier – Hopfen und Malz, Gott erhalt's

Ein wichtiges Getränk der Region war auch das Bier. In Alt Reetz waren schon gleich nach der Vergabe der Braurechte auf dem Dorfplatz ein Malzhaus und ein Brauhaus errichtet worden, wo ein Brauer jährlich etwa 200 Tonnen Bier herstellte, die Tonne zu 100 Quart, also 114,5 Liter. Jährlich also 22 900 Liter Bier, das sind 63 Liter auf einen Tag, das sind rund zwei Liter auf einen Einwohner. Aus diesen Zahlen geht hervor, dass die Reetzer das Bier sicherlich nicht allein getrunken haben.

Außerdem waren diese Biere obergärig, wenig haltbar, etwas bitter, mit einem Alkoholgehalt von etwa drei bis vier Prozent – auch als Dünnbier bezeichnet. Der Brauprozess ist ja uralt: gekeimtes Getreide (Hafer, Weizen oder Gerste) und Hopfen werden zum Gären gebracht, mehr nicht. Das heißt im Einzelnen: Das Gerstenmalz wird nach dem Schroten mit Wasser zu einer Maische vermengt, die unter Zusatz von Hopfen gekocht und dann durch eine Hefe zur Gärung gebracht wird.

Die Braupfanne war also immer eines der wichtigsten Geräte im Dorfhaushalt und im Kirchenbuch von Reetz steht: »Am 1. März 1710 brannte der Dorfkrug mit allen Nebengebäuden bis auf den Grund nieder. Einzig und allein die Braupfanne, die mit Wasser gefüllt war, konnte gerettet werden.«

Eine Bemerkung zum vermuteten Problem der »Trunksucht« unserer Vorfahren: Der unrühmliche Missbrauch des Alkohols setzt in unserer Region erst ein, als es im 19. Jahrhundert gelingt, billigen Kartoffelschnaps herzustellen. Verbrauchte man pro Kopf im Jahre 1805 nur 3 Quart, also etwa 3,5 Liter, so stieg der Verbrauch bis zum Jahre 1831 auf 8,1 Quart an, das sind dann schon 9,3 Liter pro Kopf, also beinahe das Dreifache.

(So gelesen in der Chronik des Geschichtsvereins Altreetz und Umgebung e.V.)

Freund und Helfer

Bratkartoffeln mit Milchnudeln

Renate Gürgens, Reichenow

100 g Nudeln	wie gewohnt abkochen und abgießen. Aus
1 l Milch	
1 Pck. Vanillepuddingpulver	und
4 EL Zucker	eine Puddingsuppe kochen und die abgeschreckten Nudeln hineingeben.
1½ kg Pellkartoffeln	in Scheiben schneiden.
2 Zwiebeln	und
125 g Speck	würfeln, alles zu knusprigen Bratkartoffeln verarbeiten. Nach der Hälfte der Bratzeit
2 Gewürzgurken	würfeln, darunter geben und anschließend mit
Salz, Pfeffer	würzen, fertig braten.

Man serviert Bratkartoffeln und Milchnudeln getrennt, isst aber wechselseitig davon.

Nachtimpressionen vom Theater am Rand

Wirtshaus am Wegesrand

Eierkuchen mit schwarzer Soße

Vorkriegsrezept einer Familie aus Ostpreußen

Edeltraut Schulz, Neutrebbin

6 – 10 Eier	mit
1 Prise Salz	aufschlagen.
100 g Fett	erhitzen, die Eimasse darin von beiden Seiten braun und fest werden lassen und danach in kleine Stücke schneiden.

Die schwarze Soße

100 g Fett	flüssig werden lassen und
5 EL Mehl	hineinrühren, bis es braun ist.
500 ml Wasser	dazurühren,
Salz, Pfeffer	zum Abschmecken dazugeben,
6 – 10 EL	Sirup oder Holundermus unterrühren,
Saft 1 Zitrone	dazugeben, aufkochen und mit
Butter	verfeinern. Abschließend gibt man die Eierstücke unter die Soße.

Die schwarze Soße mit den Eierstücken wird mit Kartoffelbrei serviert.

Köche auf der Schulbank

Juscha

Lotti Nörenberg, Möglin

1½ kg Salzkartoffeln	kochen, nicht abgießen und stampfen,
4 EL Mehl	dazugeben und die Masse wie Kartoffelpuffer in der Pfanne braten.
125 g Speck	
2 Zwiebeln	und
1 Apfel	in Würfel schneiden, braten und über die Puffer geben.

Oder man mischt Speck, Zwiebeln, Apfel unter die Masse und brät sie dann wie Kartoffelpuffer.

Schöpfwerk

Jagdstolz

Gurkenstippe

Anni Lüneberg, Kerstenbruch.

2 saure Gurken	würfeln.
1 Zwiebel	in Ringe schneiden. Alles mit
1 Lorbeerblatt	
Salz	
Öl	sowie
Buttermilch	vermischen.
1 Apfel	hobeln, darunter geben und durchziehen lassen.

Helle Soße zum Spargel

50 g Butter	in einer Pfanne zerlassen,
40 g Mehl	dazugeben und anschwitzen.
Spargelwasser, Milch	im Verhältnis 1:1 mischen und damit die Schwitze bis zur gewünschten Konsistenz verrühren. Mit
Salz, Zucker, Muskat	und
Zitronensaft	abschmecken. Dann
2 Eigelb	verrühren, nach Belieben
Sahne	unterheben und nicht mehr kochen.

Kirchenpforte Neuküstrinchen

Hollopse

Das Weihnachtsessen unserer Uroma aus Moldawien

Jeannette Butschke, Insel Neuenhagen

1 kg Bauchfleisch	würfeln, mit
8 TL Salz	und
Pfeffer	würzen.
400 g Reis	sowie
250 g Graupen	und
1 Flasche Ketchup (800 ml)	mit dem Fleisch vermengen.
1 Weißkohl	Je 2 bis 3 Weißkohlblätter mit 2 Teelöffel der Masse locker füllen und als Paket zusammenschlagen. Den restlichen Kohl klein schneiden, im Bräter unter und über die Pakete schichten und diesen bis oben mit
Wasser	auffüllen. Mit Deckel etwa 3 Stunden bei 180 °C garen.

Historischer Hausstand

Ein Gasthaus macht seinem Namen alle Ehre

Im Jahre 1905 ehrten die Oderbrücher, traditionsbewusst und voller Dankbarkeit für die Eindeichung der Oder, den Preußenkönig Friedrich II. mit einem Denkmal. Im Volksmund liebevoll der »Alte Fritz« genannt, erhielten auch das Gasthaus und die anliegende Straße diesen Namen. 1945 bis 1986 überlebte das Denkmal versteckt in einer Scheune. 1986 stellten der Gastwirt Wolfgang Bartsch und einige seiner Gäste das Denkmal in einer Nachtaktion illegal wieder auf. Nun wieder öffentlich gemacht, sahen sich die DDR-Organe gezwungen, es restaurieren zu lassen. 1990, wenn auch an anderem Standort, wurde das Denkmal feierlich zum zweiten Mal aufgestellt und enthüllt. 2008 musste das Denkmal einer neuen Verkehrsführung weichen. Heute steht der »Alte Fritz« vor dem Gasthaus »Zum Alten Fritz« in Letschin und schaut wohlwollend auf die Besucher.

Unsere Vorfahren

Auf Abwegen

Kirschkliebensuppe

Helga Bartsch, Gasthaus »Zum Alten Fritz« Letschin

250 g Sauerkirschen	waschen, entstielen und zerdrücken. 6 bis 8 Kerne aufklopfen und in
1 l Wasser	mit den restlichen Kirschen kochen. Danach durchschlagen und nochmals mit
100 g Zucker	aufkochen. Die Suppe mit
20 g Stärke	binden und mit
Zitronensaft	sowie
1 Stück Zimtstange	abschmecken.

Die Klieben

250 g Mehl	
10 g Backpulver	
1 Prise Salz	
2 Eier	und
250 ml Milch oder Mineralwasser	als Teig verrühren, mit
Bittermandelaroma	abschmecken und ausquellen lassen. Zuletzt den fertigen Kliebenteig in die Kirschsuppe zupfen.

Denkmal im Gutspark Kunersdorf

Der »Alte Fritz«

Klunkermus

Renate Gürgens, Reichenow

1 l Milch	mit
Salz	
40 g Zucker	und
1 Pck. Vanillezucker	zum Kochen bringen. Dann
1 Ei	mit
100 g Mehl	verrühren und dabei etwas Wasser untermischen, damit sich »Klunker« bilden. Die Klunker in die kochende Milch rühren und bei schwacher Hitze 5 bis 10 Minuten unter Rühren garen.
2 – 3 EL Butter	vor dem Servieren in der Suppe zergehen lassen.

So sehen Sieger aus

»LPG« (Bauernfrühstück)

Dieses in der DDR gebräuchliche Wortspiel hat seinen Ursprung in den Landwirtschaftlichen Produktionsgenossenschaften, in die die Bauern Ende der 1950er Jahre zwangskollektiviert wurden.

16 Kartoffeln (festkochend)	in
Salzwasser	mit
Kümmel	gar kochen, pellen und in Scheiben schneiden. Mit wenig
Öl, Margarine	anbraten und mit
Salz, Pfeffer	sowie
Paprika (edelsüß)	würzen.
Majoran (gerebelt)	
300 g durchwachsenen Speck	und
2 Zwiebeln	würfeln und genau in dieser Reihenfolge mitbraten.
7 Eier	und
150 ml Sahne	mit
Salz	verquirlen, dann über die schön gebräunten Bratkartoffeln geben. Alles mit wenig Hitze stocken lassen und
Schnittlauchröllchen	darüber geben. Mit gekonntem Schwung aus der Pfanne gleiten lassen und dabei hälftig zusammenschlagen. Mit Scheiben von
Gewürzgurken	servieren.

Das Geheimnis krosser Bratkartoffeln:
Jede Kartoffelscheibe bei wenig Fett einzeln wenden.

St. Marien innen

Leber »Lunower Art«

700 g Leber (Pute, Kalb, Hähnchen)	waschen und von Häuten und Sehnen befreien. Danach in mundgerechte Stücke schneiden, mit
Salz, Pfeffer	würzen und mehlieren.
1 Gemüsezwiebel	in Ringe schneiden oder würfeln, in
Öl, Butter	anschwitzen, die Leber dazugeben und bräunen. Mit
400 ml saure Sahne oder Schmand	auffüllen und mit
Zucker	sowie
Limonensaft	abschmecken.

Dazu frische Salzkartoffeln oder Brot und man kann essen, essen, essen ...

Mitglieder des Oderculinarium

»Ganse Ente«

Lungenhaschee

Fleischermeister Burkhard Höhne, Wriezen

500 g Lunge	und
200 g Herz	kurz wässern und abspülen. In Wasser mit
Suppengrün	
Salz	
1 Lorbeerblatt, Piment	bissfest kochen und zwischendurch abschäumen. Die Innereien herausnehmen und würfeln. Die Brühe passieren und abkühlen lassen.

Die Soße

Je 3 EL Butter und Mehl	anschwitzen und mit der Lungenbrühe auffüllen, bis alles sämig ist. Mit
Essig, Zitronensaft	sowie
Zucker, Salz, Pfeffer	kräftig abschmecken.
Gewürzgurken	klein würfeln und mit den gewürfelten Innereien in die Soße geben.

Mit Salzkartoffeln oder Kartoffelpüree ein einfaches, aber sehr schmackhaftes Gericht.

Herbstliches Rathaus in Wriezen

Ein Picknick im Sommer 1801

Ein berühmter Zeitgenosse äußert sich über die Frau von Friedland – Albrecht Daniel Thaer (1752 bis 1828) selbst Arzt und Landwirt, erinnert sich: »Auf der Grenze ihrer Herrschaft kam uns Frau von Friedland, eine der merkwürdigsten Frauen, die je existiert haben, in vollem Trabe entgegen, sprang vom Pferde und setzte sich zu uns in den Wagen. Nun ging es in vollem Galopp über Dämme und Gräben weg. Wir fuhren vier volle Stunden von einem Ort zum andern ... Da indessen einige der Gesellschaft nicht länger verhehlen konnten, daß ihnen nach einem Imbiß verlange, sagte Frau von Friedland: ›Wir sind sehr bald zu Hause; wollen Sie aber im Freien essen, kann ich Ihnen sogleich etwas schaffen.‹ Als wir letzteres versicherten, ging es sofort in einen prächtigen Wald hinein, einen steilen Berg hinauf, wo wir erst ein Feuer und bald darauf eine gedeckte Tafel erblickten, auf einem Platze, wo wir im Vordergrunde dichte Waldung, zur Seite einen großen See und in der Ferne eine weite Aussicht in das herrliche Oderbruch hatten.

Eine Menge von Schüsseln, die schönsten Weine, und ein Dessert von Ananas, Weintrauben usw. ward aufgetragen. Aber sie ließ uns zum Essen und Trinken nicht eben viel Zeit. Es ging bald wieder fort, von einer Feldflur zur andern ...«
An anderer Stelle: »Heute von morgens sechs Uhr an, bis jetzt, abends zehn Uhr, hat sie uns nicht fünf Minuten Ruhe gelassen. Wir haben gewiß vier Spann Pferde müde gefahren. So etwas von Aktivität ist mir noch nie vorgekommen. Sie hat über ein Dutzend Verwalter, Schreiber und Meier, und dennoch kennt sie jeden kleinen Gartenfleck, jeden Baum, jedes Pferd, jede Kuh, und bemerkt jeden kleinen Fehler, der in der Bestellung vorgefallen ist, jede Lücke in einer Hecke, jeden falschgestellten Pflug. Sie hat nicht nur mehrere große Branntweinbrennereien und Brauereien, sondern betreibt auch ein starkes Mühlengewerbe, weshalb sie sich förmlich in das Müllergewerk hat einschreiben lassen, so daß sie das Meister-

Hauswurz

recht hat, und Lehrburschen ein- und losschreiben kann. ... Worin Frau von Friedland ganz besonders hervorragte; ich meine ihr Organisations- und Erziehungstalent, ihre Gabe, Leute aus dem Bauernstande zu treuen und tüchtigen Verwaltern, Förstern und Jägern heranzubilden.

Die meisten und besten Grundstücke der Herrschaft Cunersdorf-Friedland gehörten jenem Teile des Oderbruchs an, der erst durch die von Friedrich dem Großen ausgeführte Odermelioration dem Wasser und Sumpf abgerungen wurde. Diese Grundstücke waren nicht sofort fruchtbar, mehrere Dezennien vergingen, ehe bei dem damaligen mangelhaften Zustande des Ackerbaus in unserer Provinz auf diesem eroberten Grund und Boden auch nur mäßige Ernten erzielt werden konnten. Hier treten uns nun die ganz besonderen Verdienste der Frau von Friedland entgegen ... Durch Umsicht, Sorgsamkeit und Anspannung aller ihr zur Verfügung stehenden Mittel den Reichtum des Bruchbodens gefördert und seine Naturkräfte lebendig gemacht zu haben, wird immer ein besonderes und nicht leicht zu überschätzendes Verdienst dieser ausgezeichneten Frau verbleiben. Was sie tat, wurde Beispiel, weckte Nacheiferung und wurde, wie ihr zum Nutzen, so dem ganzen Landesteile zum Segen.

Sie starb noch nicht neunundvierzig Jahre alt am 23. Februar 1803 infolge einer heftigen Erkältung, die sie sich, zu rascher Hilfe herbeieilend, bei einem in der Nähe von Cunersdorf ausgebrochenen Feuer zugezogen hatte. Ihr Gedächtnis lebt segensreich in jenen Oderbruchgegenden fort, die ihrem Vorbild, ihrem Rat und ihrer Hilfe so viel verdanken.«

Festgehalten hat diesen Bericht wiederum Theodor Fontane in seinen »Wanderungen durch die Mark Brandenburg«.

Sinfonie in lila

Oma Lehnchens Kartoffelklöße

750 g Kartoffeln	kochen, quetschen und mit
250 g Mehl	
1 EL Grieß	
1 Ei	und
Muskat, Salz	zu einem Kloßteig verkneten, Klöße rollen und in leicht köchelndem
Salzwasser	gar ziehen lassen.

Dazu gekochte Rippchen in Meerrettichsoße reichen und man weiß, wie Kindheit schmeckt.

Janz junges Jemüse

Rotkohlwickel

1 Rotkohl	Blätter abziehen und blanchieren.
700 g Hackmasse	mit
Salz, Cayennepfeffer	ordentlich würzen.
Semmelbrösel	dazugeben, alles verkneten und die Masse in die Kohlblätter füllen. Die fertigen Wickel in
Margarine	braten, ablöschen und weich köcheln. Mit
Stärke	abbinden und mit
Rotwein	sowie
Wildpreiselbeeren	abschmecken.

Schusterstippe

Anni Lüneberg, Kerstenbruch

400 g Speck	und
1 Zwiebel	würfeln und anschwitzen. Alles mit
Mehl	bestäuben.
Wasser	auffüllen und aufkochen und mit
Salz, Pfeffer	abschmecken. Dann
2 saure Gurken	würfeln und in die Stippe geben.

Statt saurer Gurken kann man auch kleingeschnittenen Salzhering verwenden. Alles wird mit Pellkartoffeln serviert.

Historische Turmbaukunst in Bad Freienwalde

Saure Eier

Dieses Gericht ist uns im Laufe unserer gemeinsamen 101 Jahre Lebenszeit bundesweit schon hundertfach begegnet. Jedes Mal war es anders und jedes Mal war es gut. Die einzige Gemeinsamkeit der Rezeptur ... es gab keine! Deshalb haben wir an dieser Stelle bewusst auf die sonst üblichen Mengenangaben verzichtet. Wir glauben, saure Eier sind deutsches Kulturgut.

Mehl, Butter, Wasser	zur Einbrenne rühren, mit
Milch	zur richtigen Konsistenz bringen.
Senf (körnig oder süß)	unterrühren, mit
Salz, Zucker	
Zitronensaft	kräftig abschmecken.
Eier	in
Essigwasser	pochieren und in der Senfsoße ziehen lassen.

Bequeme Hausfrauen legen gekochte und geschälte Eier in die Soße.
Eine andere Soßenvariante: Speck und Zwiebeln würfeln, anbraten, dazugeben.

Geführte Wanderung

Süß-saure Soße mit Fliedermus

Anni Lüneberg, Kerstenbruch

50 g Speck	würfeln und auslassen.
250 ml Wasser	mit
2 EL Mehl	
Salz, Zucker	und
Essig	verrühren, über den Speck gießen. Alles aufkochen und anschließend
Fliedermus (Rezept S. 97)	einrühren.

Dazu reicht man Reibekartoffeln (Kartoffelpüree) und Eieromelette.

Strammer Max

4 Misch- oder Schwarzbrotscheiben	in
Butter	rösten.
350 g Schinkenspeck	würfeln und auf den Scheiben verteilen. Dann
4 Eier	zu Spiegeleiern braten und darauf geben. Dazu reicht man
saure Gurken	als Beilage.

Oder-Neiße-Loipe

Apfel-Kasseler im Weckglas

1 kg Kasselerlachse	mit
5 Knoblauchzehen (gehackt)	und etwas
Pfeffer	etwa eine Stunde marinieren. Den Kasseler mit
1 Zwiebel	
1 Apfel	
Thymian	
Schrotpfeffer	
1 l Gemüsebrühe	und
500 ml Apfelsaft	etwa eine Stunde bei schwacher Hitze garen. Anschließend das Fleisch herausnehmen und in kleine Würfel schneiden.
1 Bund Möhren	in dünne Scheiben hobeln und in der Brühe bissfest garen. Möhrenscheiben und Fleischwürfel in kleinen Gläsern anrichten.
Blattgelatine	einweichen, ausdrücken und in der Brühe auflösen. Den fertigen Sud über die Einlage gießen, kalt stellen.

Korbflechter im Höhenland

Altwriezener Apfeltatar

Isabella Drewianka, Altwriezen-Beauregard

1 Zwiebel	sowie
2 Gewürzgurken	
1 TL Kapern	fein hacken, mit
1 TL Wriezener Senf	
1 TL Rapsöl	
1 TL Balsamico (weiß)	
2 TL Salatcreme	
1 TL Paprikapulver	und
Salz, Pfeffer	mischen.
2 Äpfel (Boskop)	fein reiben und dazugeben.
500 g Rinderhackfleisch (Tatar)	mit der Masse verrühren und kurz durchziehen lassen.

Dazu passt ein kerniges Bauernbrot aus dem Feldbackofen.

Gefüllte Paprikarouladen

4 große Paprika	halbieren und entkernen. Im Backofen bei 180 °C rösten, bis sich die Haut bräunt und bläht. Etwas abkühlen lassen, die Haut abziehen und die Filets nochmals halbieren. Diese Stücke mit
200 g Ziegenfrischkäse	bestreichen und mit Würfeln von
1 Sardellenfilet	belegen.
1 EL Kapern	darüber geben. Mit
Salz, Pfeffer	würzen, einrollen und mit einem Zahnstocher fixieren.

Für noch mehr Vielfalt auf dem Buffet sorgen verschiedenfarbige Paprika mit diversen Frischkäsefüllungen.

Sonntag in Altwriezen

Gefüllter Leberwurstbraten (für 10 Personen)

2 Stck. Oberschale vom Schwein (circa 1,3 kg)	mit
Salz, Pfeffer	würzen und mit wenig
Öl	anbraten.
Suppengrün	würfeln, dazugeben und ablöschen. Bissfest garen und das Fleisch in dicke Scheiben schneiden. Dann in eine feuerfeste Form setzen und den passierten Fond dazugeben, zur Seite stellen.
500 g Champignons	sowie
2 Zwiebeln	
5 Knoblauchzehen	würfeln und in
Öl	braten.
1 Bund Petersilie	hacken, zufügen.
300 g Leberwurst (oder gewürztes Kalbsbrät)	dazugeben, vermengen und dann etwa einen halben Zentimeter dick zwischen die Fleischscheiben streichen.
150 g Crème fraîche	mit
150 ml saure Sahne	
180 g Käse (gerieben)	sowie
Paprika (edelsüß)	mischen und über den Braten gießen. Zugedeckt erwärmen und ohne Deckel etwa 15 Minuten überbacken.

Kirchturm Neuküstrinchen

Kräuter-Öl-Matjes

12 Matjesfilets	mit
Senf	einstreichen und in mundgerechte Happen schneiden. Etagenweise in ein Glasgefäß schichten. Dazwischen jeweils
Apfelspalten (dünn)	
Zwiebelringe (dünn)	sowie Zweige von
Rosmarin, Majoran, Dill, Zitronenthymian	legen.
Speiseöl	darüber geben, bis alles gut bedeckt ist. Eventuell noch mit roten
Beeren	dekorieren.

Alles sollte kühl und dunkel zwei Tage durchziehen.

Pferdekoppel bei Neukietz

Bücklingssalat

Anneliese Pahlke, Neureetz

2 – 3 Bücklinge	häuten, entgräten und zerkleinern.
2 Äpfel (Boskop)	und
1 rote Zwiebel	
5 Cornichons	
4 Pellkartoffeln	würfeln, mit
Essig und Öl	
Zucker, Salz, Pfeffer	und
Dill	vermengen, anrichten.

Champignons mit Ziegenkäse überbacken

Christina Rubin, Zollbrücke

4 große Champignons	vom Stiel befreien, mit
Salz, Pfeffer	würzen, auf ein geöltes Blech legen und in die Höhlung ein paar Tropfen
Öl	geben. Dann etwa 5 Minuten bei 200 °C grillen.
2 Scheiben Kochschinken	würfeln, mit
100 g Ziegenfrischkäse	sowie
Petersilie (gehackt)	vermengen und die Pilze damit befüllen.
Parmesan (vom Stück)	über die Füllung hobeln und alles überbacken.

Panhandles in Zollbrücke

Die Wucht in Tüten ... Looser Senf

Von Peter Herbert, Neulewin

Der wahrscheinlich edelste Senf kommt aus der wahrscheinlich östlichsten Produktionsstätte Deutschlands. Die »Looser Senf Fabrikation« verdankt ihren Namen einer regionaltypisch-historischen Siedlungsform im Oderbruch: Looser heißen hier die Bewohner der »Loose-Höfe«.

Auf einem dieser Höfe, dem »Schwanz-Hof« im Neulewiner Ortsteil Güstebieser Loose, wurde im April 2005 der »Echte Looser« erstmals angerührt. Looser Senf ist eine exklusive Spezialität, die sich nach meiner Überzeugung nicht industriell herstellen lässt. Er ist das Ergebnis jahrelanger Versuche, die das Ziel hatten, einen Senf wiederzufinden, der vor dem Aufkommen der Essig- und Senfindustrie im 19. Jahrhundert allgemein üblich war. Der jedoch den neuen Anforderungen des Handels hinsichtlich Lager- und Transportfähigkeit sowie der Mindesthaltbarkeitsdauer nicht mehr genügte. Erst mit der Erfindung des industriell herstellbaren Mostrichs ist Speisesenf nahezu unbegrenzt haltbar geworden und konnte den Weg aus der Apotheke in den Lebensmittelladen antreten.

Fähre Güstebieser Loose

Damit gingen Geschmack und Wirkung der »klassischen« Senfwürze allmählich verloren, so dass sie heute fast völlig vergessen sind. Echter Looser Senf ist kein Mostrich. Es gibt alte Rezepte in der Küche, die mit dem heute verwendeten »normalen« Mostrich nicht funktionieren. Wer sie anwenden will, muss weit fahren und viel bezahlen, um den passenden Senf noch zu finden, denn dieser verträgt auch die Durchleuchtung der Postpakete und Fluggepäckstücke nicht.
Im Internet kann man heute viele Einträge über »extrem scharfe« und »schärfste« Senfe finden, aber nahezu alle enthalten Chili, Pfeffer, Meerrettich und andere Scharfmacher, die ein Senf nicht nötig hat, wenn er »klassisch« hergestellt wird: Senföl selbst ist extrem scharf.
Mir als Senffreund geht es aber gar nicht in erster Linie darum, einen besonders scharfen Senf zu haben – schmecken soll er mit seiner natürlichen Schärfe, und zwar nach Senf, nicht nach Essig, Salz und geheimen Gewürzmischungen. Das ist meine Auffassung, und das ist das Besondere am »Echten Looser«.
Echter Looser Senf ist schärfer als die üblichen Mostrichsorten. Er wird in Drei-Liter-Einheiten (so genannten Ansätzen) frisch hergestellt. Jeder Ansatz beansprucht bis zur Abfüllung vier Tage und eine Herstellung »auf Vorrat« ist wegen der begrenzten Haltbarkeit von maximal acht Wochen nicht möglich. Aus denselben Gründen ist Echter Looser Senf nicht im einschlägigen Handel erhältlich.
Gönnen Sie sich und Ihren Gästen ein Gläschen Echten Looser Senf. Erweitern Sie Ihre Sucht-Palette! Entdecken Sie, wie naturbelassener Senf schmeckt und wirkt – es ist eine kleine Offenbarung.

Scharfe Sachen

Gänseblümchens Frühlingsterrine

400 g Quark	mit
100 ml Sahne	
125 g grobe Rettichspäne	sowie
125 g Radieschenwürfel	vermischen.
Schnittlauch, Dill, Petersilie	hacken und dazugeben. Mit
Salz, Pfeffer	und
Limettensaft	abschmecken.
6 Blatt Gelatine	nach Vorschrift zubereiten und unterheben. Anschließend die Masse kalt stellen.

Eine geeignete Form vorher mit Klarsichtfolie auslegen, so ist das Stürzen anschließend einfacher.

Eier-Lachs-Roulade

1 Ei	mit
1 TL Wasser	
½ TL Stärke	verquirlen, zu einem Eierkuchen backen und mit
1 Pck. Frischkäse	bestreichen.
150 g Räucherlachsstreifen	sowie
Schnittlauchröllchen	und
Dill (gehackt)	darauf geben.
Pfeffer (schwarz)	darüber streuen, einrollen und in Folie etwa 3 Stunden kalt stellen. Zum Servieren in breite Ringe schneiden.

Raubtierfütterung

Herzhafte Käsetarte

1 Pck. Blätterteig (TK)	antauen lassen und eine befeuchtete Springform damit auslegen.
2 Stangen Lauch	in dünne Ringe schneiden.
2 Zwiebeln	und
200 g Speck (durchwachsen)	würfeln. Lauch, Zwiebeln und Speck anbraten und auf dem Teig verteilen.
4 EL Kräuter (gehackt)	überstreuen.
200 g Butterkäse	und
50 g Cheddar	würfeln, darauf geben.
125 ml saure Sahne	mit
3 Eier	
Salz, Pfeffer, Muskat	verrühren und darüber geben. Bei 200 °C etwa 25 Minuten backen.

Blätterteig-Knusperei

6 Blätterteigplatten (TK)	auftauen, in zwei Zentimeter breite Streifen schneiden, in sich verdrehen und wahlweise in
Sesamsaat	
Mohn	
Kümmel	oder
Reibekäse	wälzen und auf Backpapier im vorgeheizten Ofen bei 200 °C backen.

Hoch-Setzofen in Wriezen

Blätterteig mit Steckrüben-Ziegenfeta

400 g Steckrüben	schälen, grob raspeln.
2 Zwiebeln	würfeln, mit
Rapsöl	anschwitzen, Rübenraspel dazugeben und mit
Majoran	
Schwarzkümmel	
Salz, Pfeffer, Zucker	und
Muskat	würzen. Dann
200 g Ziegenfeta	würfeln, unterheben und mit
Zitronensaft	abschmecken. Die Masse auf den Blätterteig geben und portionsweise zum Abbacken vorbereiten. Im vorgeheizten Backofen bei 200 °C bis zur gewünschten Bräune backen.

Ziegenparadies

Es muss nicht immer Südsee sein

»Schwiegermutter« – in Folie gegarte Fleischscheiben

1 kg Schweinekamm	in Scheiben schneiden, mit
Salz, Pfeffer	würzen. Entsprechend große Alufolienstreifen mit flüssiger
Butter	einpinseln.
2 Möhren	
2 Stangen Staudensellerie	und
½ Stange Lauch	in kleine Würfel schneiden.
Frische Kräuter (Majoran, Thymian, Salbei, Rosmarin)	zupfen. Alles mischen, unter und auf die Fleischscheiben legen. Alles »ordentlich« verpacken, so dass kein Saft austreten kann. Im vorgeheizten Ofen bei 180 °C etwa 20 bis 25 Minuten garen.

Dazu passen Speckeierkuchen (Rezept S. 141).

Das große Futtern

Mein Lieblingsrezept

Von Gästen unseres Restaurants auch als »Orgasmus auf der Zunge« geordert.

5 Salatgurken	schälen, in Scheiben hobeln.
3 große Zwiebeln	würfeln.
1 Tasse Zucker	
1 Tasse Essig (10%ig)	
3 TL Salz	
½ TL Pfeffer (weiß)	sowie
½ TL Senfkörner	dazugeben.
1 Bund Dill	hacken und unterheben.
½ Stange Meerrettich	schälen, raspeln, untermengen. Alles mindestens 24 Stunden stehen lassen.

Für dieses Rezept habe ich bei einem Freund und hochgeschätzten Kollegen fast ein Jahr gekämpft. Es hat sich gelohnt. Danke, Torsten!

Knoblauch-Champignons

1 Dose Champignonköpfe	abtropfen lassen.
Chilisoße (süß-scharf)	und
Zucker	
Limettensaft	dazugeben.
6 Knoblauchzehen	schälen, halbieren und
1 Bund Petersilie	hacken. Alles vermengen, mit
Speiseöl	bedecken und 2 Tage kalt stellen.

Solche Kleinigkeiten sollten auf keinem Silvesterbuffet fehlen!

Pause !!!

Ziegenkäsepfannkuchen

Christina Rubin, Zollbrücke

4 Eierpfannkuchen	nach Belieben zubereiten und warm stellen.
1 Apfel (Boskop)	schälen, entkernen, in Scheiben schneiden und in etwas
Butter	anbraten. In die Apfelmitte gefällige Stücke von
Ziegencamembert	geben. Die Apfel-Käseringe in die Eierkuchen einschlagen und in einer gefetteten Form etwa 5 Minuten leicht gratinieren, bis der Käse geschmolzen ist.

Es eignen sich auch andere Ziegenkäsesorten. Die Apfelscheiben können auch leicht mit Ingwer bestreut werden.

Bärentatzen

Mathilde Erhardt, »Großes illustriertes Kochbuch«, 1904:

Die Vordertatzen des Bären gelten bei Feinschmeckern als eine große Delikatesse. Man wäscht die Tatzen sauber und übergießt sie mit kochendem Essig, den man vorher mit feinen Würzkräutern aufgekocht hat. In dieser Marinade müssen die Tatzen drei Tage liegen. Hierauf legt man sie mit Speckscheiben und zerschnittenen Suppenwurzeln in eine Kasserolle, gießt ein wenig von der Marinade dazu und lässt sie vier bis fünf Stunden ganz langsam weich dünsten. Dann nimmt man sie heraus, schneidet sie in mehrere Stücke, paniert sie mit Butter und geriebener Semmel, und bratet sie auf dem Rost. Man serviert sie mit Remouladensauce oder irgendeiner anderen pikanten Sauce.

Deichscharte Zollbrücke

Veräppelte Fleischwurst

1 Fleischwurstring	in Abständen von 1½ cm einschneiden und diese Einschnitte mit einer Paste aus
Senf	und
Curry	bestreichen.
2 Äpfel (in Spalten)	und
150 g Speck (in dünnen Scheiben)	in die Lücken stecken, alles mit zerlassener
Butter	bepinseln und im vorgeheizten Ofen bei 200 °C etwa 20 Minuten backen.

Speckeierkuchen

150 g Räucherspeck	würfeln und auslassen.
250 g Mehl	mit
500 ml Weißbier	
6 Eier	
1 Pck. Backpulver	sowie
Muskat, Salz, Paprika	verquirlen und über den Speck geben. Alles goldgelb backen und mit
Schnittlauchröllchen	anrichten.

Zwiebelfladen

Ludwig Schirmer (12 Jahre), Altwustrow

1 Fladenbrot	flach halbieren, mit
Pesto oder Ketchup	bestreichen.
Je 2 rote und weiße Zwiebeln	würfeln und in
1 TL Rapsöl	anbraten, mit
Salz, Pfeffer	
Majoran, Schwarzkümmel	würzen. Die Fladen damit belegen.
Emmentaler (gerieben)	und
2 EL Parmesan	darüber geben und überbacken.

Wer mag, kann auch gewürfelten Kochschinken oder durchwachsenen Speck und gehackte, eingelegte Tomaten darüber geben.

Gegen den Strom

Wurstschnecke fürs Buffet

Hefeteig (aus 500 g Mehl)	zubereiten und gehen lassen, auf 50 x 50 cm ausrollen, halbieren, mit
100 g Reibekäse	und
Majoran	bestreuen.
6 Wiener	der Länge nach auflegen (drei je Teigplatte) und einrollen. Etwa 5 cm lange Stücke schneiden und aufrecht mit 1 cm Abstand in eine ausgefettete Springform stellen. Nochmals gehen lassen und bei vorgeheizten 200 °C etwa 20 Minuten backen und anschließend mit Folie abgedeckt nochmals 10 Minuten backen.

Lauwarm servieren! Dazu passen frischer Kopfsalat mit Zitronen-Zucker-Öl-Dressing und ein kaltes Bier.

Bratäpfel mit Hackfüllung

80 g Geflügelleber	fein hacken.
80 g Hackfleisch	dazugeben und mit
Salz, Pfeffer (weiß)	
1 EL Chilisoße (süß-scharf)	
1 EL Senf	sowie
je 1 Prise Zimt, Zucker	verkneten.
Petersilie	fein hacken und ebenfalls dazugeben.
4 große Äpfel (Boskop)	waschen, aushöhlen und mit der Masse füllen. Die so vorbereiteten Äpfel in eine gefettete, feuerfeste Form geben. Etwas
Wasser oder Weißwein	angießen und bei vorgeheizten 200 °C etwa 30 Minuten backen.

Wer mag, kann vor dem Überbacken noch Butterflöckchen oder Reibekäse über die Äpfel geben.

Matthias Platzeck 1997, Lagebesprechung

Bratapfelmarmelade mit Feigen

Um Fragen vorzugreifen; wir wissen natürlich, dass es sich bei dem nächsten Rezept im Sinne von geltendem EU-Recht, eigentlich um Konfitüre handelt. Seit einer Verordnung im Jahr 1983 werden Fruchtzubereitungen aus Gelierzucker und püriertem oder kleingeschnittenem Obst als Konfitüre bezeichnet. Inzwischen dürfen nur noch Brotaufstriche aus Zitrusfrüchten als Marmelade bezeichnet werden. Der Begriff Marmelade war früher hauptsächlich im süddeutschen Raum und in Österreich gebräuchlich. Da unsere Wurzeln im Sächsischen liegen, ist uns dieser Begriff ein Stück Identität ... und nicht alles, was in Brüssel erdacht wurde, findet auch schnellen Zugang zum Volk.

1 kg Äpfel	schälen, fein würfeln und
100 g Minifeigen	hacken.
100 g Rosinen	
	mit
2 kg Gelierzucker (1:1)	und
1 l Apfelsaft	nach Rezept aufkochen und 4 Minuten sprudeln lassen.
6 cl Calvados	dazugeben und alles heiß abfüllen.

Erdbeermilch

500 ml Milch	
250 g frische Erdbeeren	
Saft und Zesten von 1 Limette	sowie
4 cl Erdbeerlikör	»shaken« und auf Eiswürfeln servieren.

Großmutters Fliedersuppe

1 l Fliedersaft (Holunder)	mit Spalten von
1 Apfel	und Zesten von
je 1 Orange und Zitrone (unbehandelt)	
3 Stückchen Zimtstangen	
5 Nelken	sowie
Zucker	kurz aufkochen.
100 ml Apfelsaft (naturtrüb)	mit etwas
Speisestärke	verquirlen und einrühren.

Bei meinen Großeltern kamen auf die heiße Suppe noch in Butter geröstete Weißbrotwürfel.

Kleine Leckereien

Die leisen Töne

Hagebuttenconfit

6 kleine Zwiebeln	halbieren, in Streifen schneiden, in
1 El Olivenöl	goldgelb anbraten und mit
Salz, Pfeffer	würzen.
2 EL Balsamico (weiß)	zugeben.
250 g Hagebuttenmark	unterrühren und mit wenig Hitze zugedeckt weich dünsten.

Bei der Verwendung von ungesüßtem Hagebuttenmark kann etwas Honig dazugegeben werden. In Schraubgläser abgefüllt und kühl gelagert, ist dieses Confit für längere Zeit haltbar und passt wunderbar zu Kurzgebratenem.

Grillsalz »Hausmarke«

1 kg Steinsalz	mit
je 1 EL Paprika (scharf)	
Pul Biber (Paprikaflocken)	
Curry	
Thymian (gerebelt)	
Kümmel (gemahlen)	
Sumach (aus Aserbaidshan)	sowie
1 Msp. Salbei (gerebelt)	und
1 Msp. Ingwerpulver	gut vermischen, dann dunkel und trocken aufbewahren

Die Dosierung kann nach Belieben verändert werden, bis es der eigenen Familie schmeckt. Zu Kurzgebratenem oder gegrilltem Fisch der richtige Pfiff.

Thymianblüten

Heidelbeersalsa

1 Pck. Heidelbeeren (TK)	antauen und einige Beeren vorsichtig mit der Gabel zerdrücken, damit sie etwas Eigensaft abgeben. Außerdem noch
3 – 4 EL Heidelbeersaft	dazugeben und mit
Salz, Pfeffer	würzen. Ein paar Tropfen
Traubenkernöl	und reichlich
Schnittlauchröllchen	runden die Sache ab.

Wir lieben dazu Kurzgebratenes und Chicorée, der halbiert in Butter gebraten und mit Scheiben von Tortenbrie überschmolzen wird.

Altes Kurhaus in Bad Freienwalde

Ländliches Sonntagsvergnügen

Hirsebrei

500 ml Milch	mit
1 Msp. Salz	und
1 Msp. Butter	zum Kochen bringen und dann
250 g Hirse	unter Rühren einrieseln, 10 Minuten köcheln. Den Hirsebrei nun fertig ausquellen lassen.

Hirsestulle

Eine Modespeise war zu damaliger Zeit die Milchhirse, mit »rothem Zukker« und kleinen Rosinen bestreut. Sie durfte auf keiner Hochzeit fehlen und wurde in einer solchen Menge gekocht, dass man dazu den Mauerkessel benutzte. Das Gericht war nicht nur für die Hochzeitsgäste selbst bestimmt, sondern auch die sämmtliche Dorfjugend fand sich ein, um sich am zweiten Hochzeitstage eine Hirsestulle zu holen.

Auf dem Hausflur stand eine Dienerin des Hauses, vor sich eine große hölzerne Mulde mit Brotschnitten, ihr gegenüber eine zweite Dienerin mit einer hölzernen Kelle bewaffnet, zu ihrer Seite stand ein riesiger Topf, der 25 bis 30 Quart dampfende, dick gekochte Hirse enthielt (25 bis 30 Quart entsprachen 28 bis 34 Liter, also etwa drei Eimer voll).

Sobald nun die Erstere eine Brotschnitte hinhielt, füllte die Andere aus dem Topf mit ihrer Kelle einen Klecks Hirse darauf und die Hirsestulle verschwand augenblicklich unter dem sich stoßenden und drängenden Kinderhaufen. Viele der armen Kinder rannten dann schnell nach Hause, entfernten die Hirse von dem Brot und ließen sich nochmals dasselbe belegen, wenn nach ihrer Rückkehr die Quelle nicht schon versiegt war. Andere aber leckten die eine Seite der Stulle leer und präsentierten die andere.

(So gelesen in der Chronik des Geschichtsvereins Altreetz und Umgebung e.V.)

Holunder-Weißdornmarmelade

900 g Weißdornbeeren	gut waschen, gründlich verlesen und in einen Topf geben. Mit Wasser bedecken, 5 Minuten kochen, dann durch ein Sieb streichen.
500 g Holunderbeeren	waschen, entstielen und ebenfalls verlesen. Die Beeren mit dem vorbereiteten Weißdornmark und dem
Saft 1 Zitrone	etwa 10 Minuten kochen. Erst dann
1 kg Gelierzucker (1:1)	einrühren und alles etwa 4 Minuten sprudelnd aufkochen. Noch heiß in gut gereinigte Gläser abfüllen.

Holundershake

1 l Milch	
500 ml Holundersaft	
Saft von 2 Limetten	sowie
Limettenzesten	im Mixer verarbeiten. Auf
Eiswürfel	in dekorativen Gläsern anrichten.

Zum Süßen eignen sich wahlweise Stevia (Honigkraut) oder Brandenburger Imkerhonig. Stevia ist ein pflanzliches Süßunsgmittel, besonders für Diabetiker geeignet.

Imkerei im Oderbruch

Holunder-Sahnesüppchen

400 g Holunderbeeren	gut waschen, verlesen, entstielen. Mit
500 ml Wasser	
50 g Honig	und dem
Saft 1 Zitrone	pürieren, kurz aufkochen.
100 ml Sahne	steif schlagen, auf die Teller geben und anschließend sofort die Suppe darüber füllen.

Holunderblütengelee

Jeanette Butschke, Neuenhagen-Insel

6 Holunderblütendolden	vorsichtig abspülen, in
1½ l Apfelsaft (naturtrüb)	2 Tage ansetzen, abseihen, mit
2 kg Gelierzucker (1:1)	sprudelnd 3 bis 4 Minuten aufkochen und abfüllen.

Wichtig: Gelierprobe nicht vergessen.

Weihnachten in Zollbrücke

Essen und Trinken im Oderbruch

Eberhard Schröder aus Altwustrow erinnert sich gegenüber seiner Enkeltochter Nicole Krüger im Jahre 1989 folgendermaßen:

»Die Essgewohnheiten haben sich in den vielen Jahrhunderten im Oderbruch natürlich vollständig geändert. Bis zur Mitte des 18. Jahrhunderts war der Fisch das Hauptnahrungsmittel, denn Ackerbau war in dieser sumpfigen Landschaft nicht möglich. Die Edelfische mussten an die Herrschaft abgeliefert oder in Wriezen verkauft werden, so blieben nur die übrig, die sich nicht so gut verkaufen ließen. Das Geld brauchten die Leute, denn dafür mussten sie sich Mehl oder Brot auf den Märkten kaufen.«

An Festtagen wurde Wild in allen Variantionen zubereitet, denn es konnte im Oderbruch leicht gefangen werden. Mit der Urbarmachung des Oderbruches begann die Landbewirtschaftung, also konnte nun auch Nutzvieh in größerem Stil gehalten werden. Damit änderten sich die Essgewohnheiten grundsätzlich. Bei meinem Großvater Ferdinand Krätke sah es so aus:
Um 6 Uhr gab es das erste Frühstück: Kliebensuppe aus Roggenmehl und dazu eine Scheibe trockenes Brot.
Um 9 Uhr gab es das zweite Frühstück: Zwei Scheiben Brot, belegt mit Rührei oder Grütze, Wurst war in den Kreisen der einfachen Menschen nicht weit verbreitet. Als Getränk reichte man Kaffee aus selbstgebrannter Gerste.
Um 12 Uhr gab es zu Salz- oder Pellkartoffeln Pökelfleisch oder Fisch, selbst eingestampftes Sauerkraut, Kohlrüben (Wruken), Erbsen oder Bohnen als Eintopf.
Um 16 Uhr war Vesper. Es gab zwei Scheiben Brot mit Schmalz, Sirup oder Pflaumenmus, aber ohne Butter.
Um 19 Uhr gab es Abendbrot: Zum Beispiel Pellkartoffeln mit Salzhering oder mit Leinöl, Heringsstippe, Petersilienstippe, Majoranstippe, manchmal auch Fischsuppe. Dazu servierte man das selbst gebraute Bier, das sogenannte Kaventbier.

Farbexplosion in Gemüse

An Sonn- und Feiertagen aß man Bratkartoffeln und natürlich ein Fleischgericht, zum Beispiel mit Wild. Schweinebraten, Gänsebraten oder Entenbraten kamen erst mit Beginn des 20. Jahrhunderts in Mode, weil seit dieser Zeit erst Schweine und Geflügel gehalten werden konnten.

Wriezener Markt von oben

Knoblauch-Honig-Marinade

6 Knoblauchzehen	schälen, fein würfeln.
Saft von 2 Orangen	mit
1 EL Honig	
2 EL Tomatenmark	
2 EL Sojasoße	sowie
Schrotpfeffer	verrühren und die Knoblauchwürfel dazugeben.

Das Grillgut einstreichen und die Marinade gut durchziehen lassen.

In der Welt unterwegs ... im Oderbruch zu Hause

Knoblauchöl

25 Knoblauchzehen	schälen, halbieren und in ein gut verschließbares Glas füllen.
8 frische Lorbeerblätter	und
2 EL Pfefferkörner (schwarz)	dazugeben.
1 l Olivenöl	darüber gießen, verschließen, bis zum Verzehr kühl und dunkel aufbewahren.

Lychee-Sauerkirsch-Bowle mit Rosenblättern

2 Dosen Lychee/Litschi (à 420 g)	gut abtropfen lassen und mit
1 kg Sauerkirschen (entsteint oder TK)	
Rohrzucker	sowie
8 cl Lycheelikör	ansetzen, 1 Stunde durchziehen lassen und anschließend
1 l Roséwein	zugeben. Vor dem Servieren
1 Flasche Sekt	dazu gießen.

Bei uns wird diese Bowle eisgekühlt, mit frischen Rosenblättern aus dem Garten dekoriert und gereicht.

Zukunftsblick

Ostereier natürlich färben

Zwiebelschalensud mit Kurkuma – für gelbe Färbung
Rote Beete-Saft – für rote Färbung
Spinatsaft – für lindgrüne Färbung
Schwarzer Tee – für braune Färbung
Kaffee (kalt) – für beige Färbung
Heidelbeersaft – für violette Färbung

Eier	hart kochen und in die jeweilige färbende Flüssigkeit mit
1 EL Essig	versetzen, um die Farbkraft zu verstärken. Sobald die Eier genug Farbe gezogen haben, vorsichtig trocken tupfen. Auf ein Küchentuch ein paar Tropfen
Speiseöl	geben und die Eier vorsichtig damit abreiben, so erhalten sie einen besonderen Glanz.

Da Ostern die Zeit der Überraschungen ist, habe ich auf Mengenangaben verzichtet. Fröhliches Experimentieren!

Osterfeuer als Traditionspflege

Quittengelee ohne Schnickschnack

2 kg Quitten	mit einem Tuch abreiben und mit Schale und Kerngehäuse in grobe Stücke schneiden. Mit
2 l Wasser	ansetzen und weich kochen. Ein großes Nudelsieb mit einem Leinentuch auslegen und den Saft ablaufen lassen. Die Reste kann man noch auspressen.
1½ l Saft	abmessen und etwas abkühlen lassen.
2 kg Gelierzucker (1:1)	einrühren, alles 4 Minuten sprudelnd aufkochen. Nach erfolgter Gelierprobe noch heiß in Gläser füllen.

Liebstöckel und Sonne

4 junge, kräftige Liebstöckelzweige	mit Küchengarn in ein passendes Glasgefäß hängen.
3 – 5 Stck. Kandis (weiß)	dazugeben und
1½ l Korn (38 – 42%ig)	darüber gießen.
Sonne (Südfenster)	3 bis 4 Tage darauf scheinen lassen, filtern und kaltstellen.

Entwickelt wurde dieses Rezept von mir als Verdauungstrunk. Meine Freundin Britt nennt es »Bügelschnaps«.

Holzschmiede Rossa Altmädewitz

Rhabarber-Bowle

1 kg Rhabarber	schälen, in Stücke schneiden, abbrühen, abgießen, mit
150 g Zucker	und
4 EL Erdbeersirup	mischen und 30 Minuten ziehen lassen. Anschließend in
1 l Weißwein	kurz aufkochen, dann abkühlen.
2 Flaschen Weißwein (à 0,75 l)	hinzufügen und 2 Stunden durchziehen lassen. Vor dem Servieren
1 Flasche Sekt (à 0,75 l)	aufgießen.

Rhabarber sollte nur bis Johanni (24. Juni) geerntet und verarbeitet werden, da der Oxalsäureanteil sonst zu hoch ist – auch bekannt unter dem »Stumpfe Zähne-Phänomen«.

Trügerische Idylle

Brunnen vorm Rathaus Bad Freienwalde

Rhabarbermarmelade mit Gänseblümchen

Rhabarber – für welches Gericht auch immer – vorher stets für etwa 5 Minuten heiß abbrühen, um die Oxalsäure zu lösen. Sie behindert den Geliervorgang, deshalb, den entstandenen Sud wegschütten und anschließend wie gewohnt verfahren.

1 kg Rhabarber	schälen, in Stücke schneiden, den Saft mit
1 kg Gelierzucker (1:1)	ziehen lassen und nach Vorschrift zu Marmelade verkochen. Zuletzt
1 Handvoll Gänseblümchenblüten	vorsichtig untermischen,
1 Spritzer Limettensaft	hinzufügen und sofort abfüllen.

Wahre Kochfreundschaft

Teich im Gutspark Kunersdorf

Rhabarberhonig

1 kg Rhabarber	schälen, in kurze Stücke schneiden, kurz abbrühen und den Sud wegkippen.
1 kg Zucker	hinzufügen und den Saft 15 Minuten ziehen lassen. Anschließend unter ständigem Rühren zum Kochen bringen. Da die Masse anfangs noch wässrig ist, langsam einkochen, bis alles erst gelb und dann goldfarben ist. Sobald die Konsistenz halbflüssigem Honig ähnelt, vom Feuer nehmen und in Gläser füllen.

Schlehengesöff

1½ kg reife Schlehen	in ein dunkles Glasgefäß geben und
750 g Rohrzucker	darüber rieseln.
Rum oder Korn (38 – 42%ig)	auffüllen, bis alles bedeckt ist. Etwa 3 Monate warm stellen, filtern, abfüllen und trinken.

Warten auf Gäste

Würzige Tomatencreme

200 g Frischkäse (Doppelrahm)	mit
1 Schuss Prosecco	
2 EL Tomatenmark	sowie
2 EL Ketchup	in einer Schüssel glatt rühren.
1 Ei (hart gekocht)	pellen, fein hacken und zur Creme geben. Anschließend mit
Salz, Pfeffer, Cayennepfeffer	und
1 Prise Zucker	kräftig abschmecken. Zuletzt
½ Bund Basilikum	hacken und dazugeben.

Zäckericker Holundersekt

Christa Mohr, Zäckericker Loose

1 Zitrone (Bio)	in Scheiben schneiden.
12 Holunderblütendolden	waschen und beides zusammen mit
5 l Wasser	
500 g Zucker	sowie
125 ml Essig (5 %)	aufkochen, 3 Tage kalt stellen und dann auf Flaschen ziehen (abfüllen). Nach 10 Tagen ist der Sekt trinkfertig.

Alle Wege führen nach Rom

Aprikosenschäumchen

500 g Aprikosen	entkernen, mit etwas Wasser kochen und durch ein Sieb streichen.
300 g Zucker	zum Fruchtpüree geben und bei mäßiger Hitze sanft eindicken.
6 Blatt Gelatine	einweichen, quellen lassen, ausdrücken und in der warmen Masse auflösen.
7 Eiklar	steif schlagen und vorsichtig unterziehen. In Gläser verteilen und kalt stellen.

Cointreau-Trüffel

350 ml Sahne	zum Kochen bringen.
350 g Kuvertüre (Vollmilch)	in Stücken darin schmelzen.
100 ml Cointreau	sowie
Orangenschalenabrieb	dazugeben und erkalten lassen. Anschließend leicht schaumig schlagen und im Spritzbeutel auf Pergament spritzen.
500 g Kuvertüre (Zartbitter)	im Wasserbad erwärmen, die erkalteten Pralinenkörper überziehen und in
Orangenzucker	wälzen.

Paddelfreizeit

Fruchtiger Joghurt-Traum

Christiane Kämpfe, Bad Freienwalde

500 g Naturjoghurt (cremig)	mit
80 g Zucker	
1 Pck. Vanillezucker	verrühren.
150 ml Sahne	schlagen und unterheben. Alles in ein mit Küchentuch ausgelegtes Sieb gießen und über Nacht im Kühlschrank abtropfen lassen. Zum Servieren auf einen großen Teller stürzen und darauf
Rote Grütze oder mariniertes Obst	geben.

Für die Frühlingsfigur kann man auch auf fettreduzierte Sahne und fettarmen Joghurt zurückgreifen.

Winterliches Bad Freienwalde

Randerscheinung

Holunder-Zwetschgenkompott

1 kg Holunderbeeren	waschen, entstielen und verlesen.
1 kg süße Zwetschgen	waschen, entkernen und halbieren. Alles mit
250 g Rohrzucker	
Saft von 2 Zitronen	und
1 Prise Zimt	7 bis 10 Minuten kochen.

Wichtig bei diesem Kompott: Das Umrühren nicht vergessen, da es sehr leicht anbrennen kann.

Limonenquarkspeise

750 g Quark	mit
100 ml Sahne	
3 Eier	
100 g Zucker	und
Saft von 2 Limetten	cremig verrühren. Zuletzt
30 g Butter	auslassen und ebenfalls gut unterrühren. Die Masse in Gläser verteilen und kalt stellen.

Der Kaffee ist fertig

De twe Äppel

Peter Klier sitt in den Sand,
hett twee Äppel in de Hand.
Pasters Tante kümmt to gahn,
blift vör lütten Peter stahn.
O wie schön die Äpfel sind,
Wangenroth wie du mein Kind.
Diesen Groschen schenk ich dir,
giebst du einen Apfel mir.
Tusch is schlaten, Peter froh,
Tante kost't, de Jung kiekt to.
Ei, so iß doch Peterlein,
beißt doch sonst so tapfer ein!
Nä, ik mag nich. Nun weswegen?
Eener hett in't Meßkuhl legen!

(Julius Dörr, Mundartdichter, 1850 in Prenzlau geboren,
1930 in Bad Freienwalde gestorben und begraben)

Herbstverführung mit Calvados

Eierkuchenteig	nach Belieben zubereiten.
1 Apfel	sowie
1 Birne	schälen, entkernen, in Spalten schneiden und in einer Pfanne mit
Butter	anschwenken. Mit
Zimt, Zucker	überstreuen, leicht karamellisieren, mit
Calvados	ablöschen und vom Herd nehmen. Den Eierkuchenteig mit wenig
Öl	ausbacken, dabei die Obstspalten im Teig platzieren. Die Marinade in der Pfanne mit etwas
Sahne	binden und über den fertigen Eierkuchen gießen.

Landeier

Gabower Milchtöpfchen

500 g Quark	mit
250 g Naturjoghurt	verrühren.
Sahne	und
Zucker	nach Belieben dazugeben.
Mark 1 Vanilleschote	
50 g Rosinen	sowie
50 g Mandelstifte	dazugeben.
3 Pfirsichhälften	würfeln und vorsichtig unterheben. Anschließend in schöne Gläser füllen.

Vor dem Servieren Honig und geröstete Mandelblättchen auf die Speise geben.

Mittelflurhaus in Gabow

Brunnen Wriezen

Himbeer-Joghurt-Verführung

Lisa Pikula, Schiffmühle

375 g Himbeeren (TK)	in Gläser verteilen.
250 ml Sahne	steif schlagen,
250 ml Naturjoghurt	unterheben und auf den Himbeeren verteilen.
125 g Rohrzucker	darüber streuen und abgedeckt über Nacht im Kühlschrank stehen lassen.

Wahlweise Heidelbeeren mit gebröselten Amarettini unter die Joghurt-Sahne-Masse geben. Mama gibt noch 4 cl Heidelbeerlikör dazu.

Güstebieser Zitronencreme

Gisela Greinert, Güstebieser Loose

4 Eigelb	
80 g Zucker	
Saft 1 Zitrone	sowie
Zitronenzesten	schaumig rühren.
10 g Gelatine	auflösen, nach Vorschrift und tropfenweise in die Masse geben.
4 Eiklar	steif schlagen und zuletzt unter die Creme ziehen.

Wichtig: Zu einer kalt zubereiteten Creme nur ganz frische Eier verwenden. Meine Oma Edith hätte »arschwarme Eier« gesagt.

Jugendblasorchester Bad Freienwalde

»Einem deutschen Inschenör, ist nix zu schwör ...«

Von Wolfgang-Mathias Schirmer

Nach meinem Studium im weinbergsgesäumten Meißen landete ich 1976 in Frankfurt/Oder im Hotel »Stadt Frankfurt«. Eigentlich Herr über die Technik, fand ich mich zunehmend zwischen Kochtöpfen, Kippbratpfannen und Anschlagmaschinen, den typischen Geräten in einer großen Küche, wieder.
Rezeptvorschläge brachte ich ein, der Fleischer blieb nicht von meiner Neugier verschont und als Höhepunkt haben wir das Menü zur Meisterprüfung des Küchenchefs nachgekocht. Fast alle freuten sich über meine Anteilnahme, nur mein Direktor hatte abweichende Vorstellungen über meine Arbeitsaufgaben.
Damals ahnte ich in keiner Weise, dass ich später verheiratet, mit Frau und Kindern ein eigenes Restaurant führen, oder gar an einem Kochbuch schreiben würde. Nun gehören Dinge zum Alltag, über die ich damals lachte.
Immer noch in Erinnerung ist mir eine Dienstberatung, bei der man auf den Küchenchef einredete, doch nicht immer nur »seine« Soljanka auf der Karte zu haben. Seine kurze, trockene Antwort: »... letzten Monat waren es 486 Liter; sonst noch Fragen?!« Trotz seines holländischen Namens, ein waschechter Sachse, mit entsprechendem Mundwerk, war unser Küchenchef unüberhörbar.
Bei der Absprache mit einer Hochzeitsgesellschaft, bei der ich zufällig zugegen war, wollten die Gäste erklärt bekommen, was denn ein »Omelette Surprise« sei. Dies gelang nicht auf Anhieb. Nach etlichen Nachfragen gab er entnervt auf und es sprudelte aus ihm heraus: »... Mensch, das is' ne Iberraschungsomeledde«.
Inzwischen haben wir uns aus den Augen verloren, das Hotel wurde nach der Wende abgerissen und machte einem Einkaufszentrum Platz. Ab und an, wenn wir in der Stadt sind, und ich meiner Frau die Stelle zeige, an der das Hotel einst stand, kommt spontan der Spruch: »... ich weiß, Iberraschungsomeledde!«

Gemüse nach »DIN 0815«

Mein Mohnpannacotta

1 l saure Sahne	mit
500 ml Naturjoghurt	
200 ml geschlagene Sahne	
2 EL Mohn	und
4 EL Zucker	verrühren.
15 Blatt Gelatine	nach Vorschrift auflösen und tropfenweise unter die Masse arbeiten. Anschließend in Gläser füllen und kaltstellen.

Eiskalt, mit gezuckerten Erdbeeren und einem Schuss Cointreau serviert – ein sommerlicher Hochgenuss.

Mein Buttermilchgelee

1 l Buttermilch	mit
300 ml Sahne	und
200 g Zucker	mischen.
15 Blatt Gelatine	nach Vorschrift auflösen und tropfenweise in der Masse verrühren. Anschließend portionsweise in Gläser füllen und kalt stellen.

Zur Weihnachtszeit Spekulatius zerbröseln, Glühweinkirschen dazugeben und das Buttermilchgelee darauf erkalten lassen.

Obelisk in Wriezen

Kokos-Grieß-Terrine

Gott, was ist Glück!
Eine Grießsuppe, eine Schlafstelle und keine körperlichen Schmerzen.
(Theodor Fontane)

250 ml Kokosmilch	mit
60 g Butter	und etwas
Salz	aufkochen.
75 g Grieß	einrieseln und unter Rühren ausquellen lassen.
4 Eigelb	sowie
80 g Zucker	
1 Pck. Vanillezucker	gut aufschlagen und erst dann die abgekühlte Grießmasse unterheben.
4 Eiklar	steif schlagen und vorsichtig unterziehen. Die Masse in eine gefettete Form geben und im Wasserbad im vorgeheizten Backofen bei mittlerer Hitze etwa 50 Minuten backen. Anschließend vorsichtig stürzen, in Scheiben schneiden und mit Kompott servieren.

Dazu empfehlen wir das Holunder-Zwetschgenkompott (Rezept Seite 164).

Süße Vorräte

Winter-Pflaumen-Kokos-Mascarpone

> *Ausreichend für 12 bis 13 Personen ... falls die ganze Bagage am Wochenende kommt.*

500 g Quark	mit
250 g Mascarpone	
400 ml Kokosmilch	
60 – 80 g Zucker	sowie
Saft von 1 Glas Pflaumen (850 g)	verrühren und mit
Cointreau	
Limettensaft	sowie
1 Prise Zimt	abschmecken.
Pflaumenstückchen	dazugeben.
15 Blatt Gelatine	einweichen, auflösen und unterziehen.

Klavier am Fluß

Kurkonzert in Bad Freienwalde

Christstollen

Die Mengenangaben sind ausreichend für drei Stollen.

Marianne Borgemann, Gabow

Je 200 g Rosinen und Korinthen	am Vortag in
100 ml Rum	einweichen.
Je 150 g Orangeat und Zitronat	sowie
150 g Mandeln	hacken und mit
1½ kg Mehl	
2 Pck. Trockenhefe	
1 Prise Zucker	
1 TL Salz	
120 g Butter	
500 ml Milch	zu einem Teig verkneten und an einem warmen Ort gut gehen lassen. Anschließend die eingeweichten Rumfrüchte unterkneten. Den Teig in drei Teile teilen und in Stollenform schlagen. Etwa eine Stunde bei 200 °C backen. Anschließend mit
Butter (flüssig)	bestreichen und in einem
Zucker-Puderzucker-Gemisch	wälzen.

Sollen Rosinen, Sultaninen oder Korinthen im Kuchen mitgebacken werden, so wälze man sie vorher in Mehl, damit sie nicht alle auf den Boden absinken.

Raureif in den Gabower Bergen

Bester Käsekuchen von Welt

6 Blätterteigplatten (TK)	antauen lassen, auf ein befeuchtetes Backblech legen und etwa 8 Minuten im vorgeheizten Backofen bei 200 °C backen.
6 Eigelb	sowie
4 EL Zucker	
Orangenzucker (nach Belieben)	
1 Pck. Backpulver	
1 Pck. Vanillezucker	verrühren.
750 g Sahnequark	dazugeben und nochmals rühren.
6 Eiklar	zur Eischnee aufschlagen, vorsichtig unterheben. Die Masse auf den vorgebackenen Boden geben und bei 140 bis 160 °C ganz langsam goldgelb backen.

Tipp meiner Oma Lenchen: Je flüssiger ein Kuchenteig, desto weniger Hitze und mehr Zeit benötigt er beim Abbacken.

Der Küchenjunge

Brot backen in alter Zeit

Erinnerungen von Eberhard Schröder, Altwustrow

Alle zehn Tage wurde Brot gebacken. Die Anzahl der Brote richtete sich nach der Anzahl der Familienangehörigen und der Angestellten. Bei meinem Großvater wurden etwa zehn bis zwölf Brote zu je fünf Pfund gebacken. Der Backofen war im Hause und der Abzug mit dem Mantelschornstein verbunden.

Der Teig bestand aus Roggenmehl, das mit Wasser, einer Prise Salz und dem Sauerteig verknetet werden musste. Das war eine schwere Arbeit, denn der Teig wurde in einer großen Holzmolle mit den Händen geknetet, immerhin 25 bis 30 Kilogramm. Ein kleiner Teil des Teiges wurde als Sauerteig bis zum nächsten Backen aufbewahrt, ein weiterer Teil auf einem Kuchenblech dünn verteilt, mit Speck, Zwiebeln und Kümmel bestreut und als Speckkuchen zum Schluss gebacken.

In der Regel wurde der Speckkuchen noch lauwarm verzehrt. Nachdem die Brote aus dem Backofen gezogen waren, wurden in den noch warmen Ofen Horden mit geschnittenen Äpfeln und Birnen und ganzen Pflaumen zum Dörren gestellt. Das gemischte Backobst hielt sich lange und wurde im Winter gern gegessen.

Übrigens wurde der Backofen mit Reisig geheizt, das mühselig gesammelt werden musste und das dann zu etwa 40 Zentimeter langen Faschinen gebunden und getrocknet wurde. Diese Reisigbündel wurden im Ofen gleichmäßig verteilt und entzündet, damit im Ofen eine gleichmäßige Erwärmung der Steine erfolgen konnte.

Ländliches Idyll

Käsekuchen »Tante Luise«

300 g Mehl	sowie
175 g Fett	
125 g Zucker	
1 Pck. Vanillezucker	
2 TL Backpulver	
1 Ei	
1 Eigelb	zu einem Mürbeteig verkneten und in Folie gepackt etwa 1 Stunde kalt stellen.
1½ kg Quark	und
3 Eier	
2½ Tassen Öl	
2 Pck. Vanillepudding	
300 g Zucker	verrühren. Zuletzt
1 l Milch	dazugeben. Den Mürbeteig ausrollen. Die flüssige Masse darauf gießen und bei 175 °C etwa 1 Stunde backen.

Wildgehege Wriezen

Kürbiskuchen »Gänseblümchen«

Die Mengenangaben sind ausreichend für ein Backblech.

400 g Kürbis (geraspelt)	und
400 g Haselnüsse (gemahlen)	
400 g Zucker	
8 Eier	
2 EL Mehl	
1 Pck. Backpulver	zu einem Teig verrühren, auf ein gefettetes Blech geben und bei etwa 160 °C langsam backen. Nach dem Abkühlen mit einer Pappschablone und
Puderzucker	lustige Kürbismotive aufstäuben.

Blick zum Baasee

Kürbiskuchen im Landgasthof

Ein roter Traktor

»Na, willst'e mitfahren, Ludwig?«, mit diesen Worten begrüßte uns der Nachbar am Zaun, als wir gerade neu im Oderbruch siedelten. Zwei riesige Hände streckten sich unserem Dreijährigen entgegen. Stumm, mit heißen Wangen, rotem Piratenkopftuch, ängstlich und stolz wie Oscar saß unser Sohn im Traktor – ein alter »Belarus«, Baujahr 1971. Über eben diesen besagten Zaun reichte mir die Nachbarin irgendwann später das folgende Rezept samt Kostprobe. Geblieben sind heute, zehn Jahre später, Ludwigs glühende Leidenschaft für Traktoren und die Gewissheit, welches Glück es ist, gute Nachbarn zu haben!

Mohnkuchen »Übern Gartenzaun«

Edeltraut Weidner, Gabow

Dieser Kuchen ist eine »Kalorienbombe«, es sei denn, Sie tauschen die Creme mit dem Guss gegen Streusel aus.

300 g Mohn	
je 300 g Zucker und Mehl	
300 g Butter oder Margarine	
3 Eier	
125 ml saure Sahne	und
2 Pck. Vanillezucker	gut verrühren und bei etwa 180 °C auf einem Blech abbacken.
250 ml Kaffeesahne	über den noch heißen Kuchen gießen.
Vanillepuddingpulver	mit
500 ml Milch	zu einem Pudding verkochen und nach dem Erkalten mit
250 g Butter	sahnig verrühren. Die Creme auf dem abgekühlten Kuchen verteilen. Aus
2 Eier	
4 EL Puderzucker	
3 EL Kakao	und
125 g Hartfett	eine Glasur bereiten und abschließend auf den Kuchen streichen, fest werden lassen.

Alter Feldbackofen Gabow

Mooskuchen

Anni Lüneberg, Kerstenbruch

250 g Zucker	und
250 g Butter (zerlassen)	
300 ml saure Sahne	
1 TL Natron	
300 g Mehl	
6 Eigelb	verrühren, auf einem gut gefetteten Blech bei mittlerer Hitze backen und dann abkühlen lassen.
200 g Hartfett	auslassen und abkühlen lassen.
2 EL Zucker	und
6 Eiklar	zu Eischnee steif schlagen. Hartfett und Eischnee tropfenweise zu einer Creme verrühren und auf den Teig streichen.
Kaffeepulver	darüber streuen und über Nacht stehen lassen, bis sich eine grünliche moosähnliche Verfärbung bildet.

Die Autoren während der Schreibphase

Brutparadies

Lenchens Kartoffelkuchen

Diesen Kuchen gab es bei meinen Großeltern immer, wenn »Große Wäsche« war. Der ganze Tag spielte sich im Waschhaus ab und es war einfach keine Zeit zum Kochen.

400 g Mehl	und
1 Pck. Trockenhefe	
150 g Zucker	
125 ml Milch (lauwarm)	
150 g Margarine	
1 Prise Salz	zu einem Hefeteig verarbeiten und an einem warmen Ort gehen lassen.
250 g Pellkartoffeln (vom Vortag)	reiben und untermischen, nochmals gehen lassen. Den Teig auf Backpapier ausrollen und auf ein Blech geben. Mehrmals einstechen, um Blasenbildung zu vermeiden. Im vorgeheizten Ofen bei etwa 180 °C goldgelb backen. Anschließend
100 g Butter	schmelzen lassen und den Kuchen damit bestreichen.
Zimt und Zucker	darüber streuen und nochmals fünf Minuten in den Ofen geben.

Sie können Mandelblättchen mit Crème fraîche und Zucker auf der Oberfläche mitbacken.

Farbfeuerwerk

Stollenzauber

Mirjam Pikula

Eine meiner frühesten Küchenerinnerungen geht zurück in die frühen 70er Jahre des vergangenen Jahrhunderts. Ich war ungefähr drei oder vier Jahre alt:
Ende November tagelange Unruhe. Es war wieder soweit. In der gut geheizten Stube wurde in einem Riesenzuber der alljährliche Stollenteig angesetzt. Nachdem am Vorabend alle Zutaten warmgestellt wurden, begann der Großvater in der Früh das große Kneten. Orangeat, Zitronat, Rosinen, süße und bittere Mandeln kamen dabei aus dem heißersehnten »Westpaket«, das die Augen zum Advent strahlen ließ.

Auf einem extra gebauten Handwagenaufsatz wurde der fertige Teig zum Dorfbäcker gefahren und dort mit Messingmarken abgebacken. In diese Marken waren Ziffern oder Buchstaben gestanzt, um die eigenen Stollen von den vielen anderen zu unterscheiden. Am Nachmittag wurde die köstliche Fuhre dann vorsichtig nach Hause transportiert.

Butter wurde flüssig gemacht und die fertigen Laibe wurden dick eingepinselt und anschließend in einer Zucker-Puderzuckermischung gewälzt. Auf dem Schrank in einer kühlen Kammer stand das Backwerk dann bis zum ersten Anschnitt. Zwei bis drei Stollen gingen allerdings, gut verpackt den Weg zurück über die innerdeutsche Grenze. Stollen als familienverbindendes Element so zusagen. Ich kann mich an Jahre erinnern, in denen es zu Ostern die letzten Stollenreste gab.

Kunst und Krempel

Walnuss-Streuselkuchen mit Guss

200 g kalte Butter	mit
200 g Zucker	
400 g Mehl	
300 g Walnüsse (gehackt)	und
1 Prise Salz	zu Streuseln verkneten.
500 g Mehl	
1½ Pck. Trockenhefe	
2 EL Zucker	
4 EL Öl	
250 ml Milch (lauwarm)	und
1 Prise Salz	zu einem Hefeteig verarbeiten, gehen lassen und auf ein Blech ausrollen. Streusel darauf verteilen und bei etwa 175 °C backen.
250 g Butter	
200 g Puderzucker	und
125 ml Schmand	zu Guss zerlaufen lassen und 15 Minuten vor Ende der Backzeit über dem Kuchen verteilen. Anschließend fertig backen.

Backweisheiten: Der Teig sollte nicht mehr am Holzspieß kleben, wenn man ihn aus dem Kuchen zieht. Ist der Kuchen oben schon dunkel, aber noch nicht durch, sollte man ihn mit Backpapier abdecken und so fertig backen. Oma Lenchen sagte immer: »Wenn es in der Wohnung nach Kuchen riecht, sollte man mal nach dem Ofen sehen.«

Begriffserläuterungen

Abbacken	Blindbacken oder auch Leerbacken, Blätter- oder Mürbeteig wird mit Papier ausgelegt und mit trockenen Erbsen oder Reis gefüllt. Nach dem Backen werden Papier und Erbsen entfernt, sie dienen nur dazu, die Form zu erhalten.
Ablöschen	Das Angießen von scharf angebratenem oder geschmortem Fleisch oder Gemüse.
Abschmecken	Eine Speise mit den Grundgewürzen Salz, Pfeffer, Zucker usw. nach eigenem Geschmack würzen.
Andünsten/Anschwitzen	Ein Lebensmittel in heißem Fett leicht rösten, ohne es zu braten. Das Lebensmittel soll nur glasig werden, z. B. Zwiebeln.
Ausbraten/Auslassen	Den Speck so lange braten, bis das Fett herausgebraten ist.
Blanchieren	Zutaten in einem Topf mit kochendem Wasser geben und kurz köcheln lassen. Anschließend mit Eiswasser abschrecken, um Farbe und Geschmack zu erhalten.
Garen/Köcheln	Eine Speise sollte nicht stark kochen. Die Hitzezufuhr muss so gedrosselt werden, dass nur ein leichtes Aufsteigen von Kochblasen zu sehen ist.
Gratinieren	Das Überbacken von Speisen.
Legieren	Ist das Binden und Verfeinern von Gerichten mit Eigelb. Das Ei oder Eigelb wird mit warmer Flüssigkeit vermischt und unter ständigem Rühren in die nicht mehr kochende Speise gegeben.
Marinieren	Ist das Einlegen von Lebensmitteln in eine gewürzte Flüssigkeit, um der Speise einen besonderen Geschmack und bessere Haltbarkeit zu verleihen.
Mehlschwitze	Traditionelles Bindemittel von Suppen und Saucen (Fett zerlassen und Mehl einrühren).
Montieren	Zum Sämig machen von Suppen, werden kalte Butterflöckchen eingerührt. Dann nicht mehr kochen.
Parieren	Fleisch von Fett und Sehnen befreien.
Passieren	Flüssigkeiten durch ein Sieb oder Tuch geben.
Pürieren	Ein gares Lebensmittel wird stark zerkleinert. Früher war hierfür in vielen Haushalten die »Flotte Lotte« ein beliebtes Haushaltsgerät, z. B. um Apfelmus herzustellen.
Reduzieren	Flüssigkeit fast vollständig verkochen lassen (einkochen).
Schieres Kalbsfleisch	Fleisch von Fett und Sehnen befreit.
Stocken lassen	Das Garen von Eiern oder Eimasse, bei mäßiger Hitze im Topf oder Wasserbad, ohne dabei das Gargut umzurühren.
Wasserbad	Ist eine Methode, um Speisen indirekt mit Hitze zu versorgen. Dabei wird der Topf mit den Speisen in einen anderen Topf mit heißem Wasser auf den Herd gestellt.
Zerlassen	Butter oder Margarine in einer Pfanne oder einem Topf bei mäßiger Hitze schmelzen, aber nicht braun werden lassen.

Maße und Gewichte

1 gestr. EL Fett	15 g
1 gestr. EL Mehl	10 g
1 geh. EL Mehl	15 g
1 kleine Zwiebel	30 g
1 mittlere Zwiebel	50 g
1 große Zwiebel	70 g
1 kleine Kartoffel	70 g
1 mittlere Kartoffel	120 g
1 große Kartoffel	180 g
½ kg	500 g
1 kg	1000 g

1 Liter	1000 ml / 1000 ccm
¾ Liter	750 ml / 750 ccm
½ Liter	500 ml / 500 ccm
⅜ Liter	375 ml / 375 ccm
¼ Liter	250 ml / 250 ccm
⅛ Liter	125 ml / 125 ccm
1 TL	5 ml
1 EL	15 ml
1 Schnapsglas	20 ml / 2 cl
1 Tasse	150 ml

Abkürzungen

Msp.	Messerspitze
EL	Esslöffel
geh. EL	gehäufter Esslöffel
gestr. EL	gestrichener Esslöffel
TL	Teelöffel
geh. TL	gehäufter Teelöffel
gestr. TL	gestrichener Teelöffel
g	Gramm
kg	Kilogramm
ml	Milliliter
cl	Zentiliter
l	Liter
ccm	Kubikzentimeter
Pck.	Päckchen
°C	Grad Celsius
Stck.	Stück

Rezeptregister, alphabetisch

A

B

C

D

E

F

G

H

J

K

L

M

N

O

Z

Fleischerei & Gasthaus
Zum Ferkel
HÖHNE
Partyservice
Wir haben für Sie Mo. bis Fr. von 8 bis 15 Uhr geöffnet.
Gerichte auch zum Mitnehmen
8 bis 10 Uhr Frühstücksbuffet
Für 4 € können Sie frühstücken, soviel Sie wollen!
Wir wünschen guten Appetit!
Mittagstisch
Wilhelmstr.13 · 16269 Wriezen
Tel. (03 34 56) 32 71 · Fax (03 34 56) 7 15 34
kontakt@fleischerei-hoehne.de
www.fleischerei-hoehne.de

Erlebnisgastronomie in der Küstriner Altstadt
Bestellungen und Reservierungen über:
Tourist-Information
Festung Küstrin
+49.33479 / 547 845
it@tourist-info-kostrzyn.pl

ALTE APOTHEKE
Beratung-Leistung-Kompetenz
Apotheker Robert Witzke
im Stadtzentrum
Königstraße 10
Tel: 03344/3709 · Fax: 03344/332806
16259 Bad Freienwalde
ALTE APOTHEKE
Beratung-Leistung-Kompetenz
Apotheker Robert Witzke
im Kaufland
Eduardshof 3
Tel: 03344/300805 · Fax: 03344/300876
16259 Bad Freienwalde
LANDES APOTHEKE
Beratung-Leistung-Kompetenz
Apotheker Robert Witzke
Berliner Straße 84
Tel: 033369/75799 · Fax: 033369/377
16248 Oderberg
www.alteapotheke24.de